Eifelmaare

Streifzüge durch eine faszinierende Landschaft

Eifelmaare

Streifzüge durch eine faszinierende Landschaft

Hrsg. von Bruno P. Kremer und Bernd Steinicke

mit Beiträgen von
Bruno P. Kremer, Wilhelm Meyer
und Wolfgang Spielmann

Wienand Verlag Köln

PRÜM
GEROLSTEIN
DAUN
BITBURG
WITTLICH
NEUERBURG
KYLL
BURG
MENDIG
MAYEN
SCHWEICH
Bitburg-Prüm
Daun
Bernkastel-Wittlich
Mayen-K
Obere Kyll
Hillesheim
Gerolstein
Manderscheid
Kyllburg
Bitburg-Land
Speicher
Wittlich-Land
Neuerburg
Irrel
Trier-Land
Neumagen-Dhron
Kelberg
Ulmen
Laacher See

Inhalt

Vorwort

Noch vor hundert Jahren war die Eifel für den damals bekanntesten Rheinland-Reiseführer ein ebenso weißer Fleck wie das Zentrum Afrikas. Sein Autor, Dr. Karl Baedecker, empfahl dem Wanderer lediglich den einen oder anderen Abstecher, beispielsweise vom Rhein in das untere Ahrtal oder von der Mosel nach Bad Bertrich. Die große Welle der romantiksuchenden Rheintouristen beschränkte sich auf die Tallandschaft und ließ das angrenzende Bergland völlig außer acht. Nach damaliger Einschätzung hatte die Eifellandschaft offenbar keinen besonderen Erlebniswert, weil Vorurteile und Unkenntnis den Blick verstellten. Das weithin lückenhafte Bild nahm erst klarere Konturen an, als die ersten Künstler kamen und das Land zwischen Rhein und Ardennen durchstreiften. Vor allem die Zeichner und Maler gelten nämlich als die eigentlichen Entdecker der Eifel – und erstaunlicherweise auch die Geologen. Denn den besonderen Reiz dieser Landschaft machen zerfallene Burgen und verträumte Dörfer sicherlich ebenso aus wie die vielen Vulkane – die zahlreichen Aschenkegel und Basaltkuppen, die Kraterwälle und Lavaströme und vor allem die geheimnisvollen, unverwechselbaren Maare. Einige Eifelvulkane sind so hervorragend erhalten, als seien sie erst vor wenigen Jahrzehnten erloschen. Schon allein deswegen bilden sie ganz hervorragende Studienobjekte. Zudem fällt ihre Entstehung in ein besonders spannendes Kapitel aus der ohnehin sehr reichen Eifeler Erdgeschichte. Viele interessante Einzelheiten und Zusammenhänge daraus hat die Wissenschaft erst in den letzten Jahren klären können. Die jüngere Forschung entdeckte sogar Dutzende Maare, die noch auf keiner Landkarte verzeichnet sind.

Daher scheint es uns an der Zeit, allen Eifelfreunden ein neues Bild der Maareifel und der Eifelmaare zu zeigen. Gerade in diesem Teil des Rheinischen Schiefergebirges entdecken wir eine faszinierende, überaus reizvolle Landschaft und suchen auf einsamen Wegen nach Spuren und Zeugnissen aus einer Zeit weit vor unserer eigenen Geschichte. So möchte unser Buch in Wort und Bild zu ungewöhnlichen Streifzügen einladen, Szenen aus dem Werdegang der einmaligen Eifeler Vulkanlandschaft zeigen und uns teilnehmen lassen am Wechsel und Wandel der Jahrmillionen. Wir erleben hier die beeindruckenden Naturschönheiten einer Region, die zweifellos auch unserer besonderen Obhut und Pflege anvertraut sind. Bewahren und erhalten können wir sie aber nur, wenn wir um ihre Einzigartigkeit wissen. Landschaft ist eben nicht nur Wirtschafts-, Verkehrs- und Siedlungsraum, den man beliebig anfüllen oder ausbeuten kann. Landschaft ist in erster Linie Lebensraum und deshalb ein sehr empfindliches, vor allem schützenswertes Gut. Eine zersiedelte und zerstückelte Landschaft ist nicht mehr funktionstüchtig. Sie besitzt auch keinen besonderen Erlebniswert mehr. Unser Buch über die Eifelmaare verstehen wir daher ausdrücklich auch als Appell für einen wirksamen Natur- und Landschaftsschutz.

Herbe Schönheit

Eine Landschaft wird entdeckt

Sanft gewellte Hochflächen, ein paar kuppige Hügel, hier und da ein tief eingeschnittenes Bachtal und ziemlich locker über die Fluren verstreute Dörfer – bei aller kalenderblattreifen Schönheit sieht die Eifellandschaft nicht nur nach Mittelgebirge, sondern zunächst auch ein wenig nach Mittelmäßigkeit aus. Ihre Einzigartigkeit unter den rheinischen Teillandschaften erschließt sich nicht auf den ersten Blick und häufig nicht einmal nach dem zweiten Rendezvous. Als Johann Wolfgang Goethe im Hochsommer des Jahres 1815 mit dem Reichsfreiherrn vom Stein von Nassau aus eine Kutschpartie in die rheinnahe Osteifel unternahm, blieb er von dieser Landschaft gänzlich unbeeindruckt. Außer ein paar belanglosen Randbemerkungen fand die Eifel in seinem Werk keine weitere Erwähnung.

Überhaupt blieb dieser Teillandschaft des Rheinlandes bis in unser Jahrhundert hinein eine besondere Wertschätzung weithin versagt. In den meisten Bevölkerungskreisen galt die Eifel als öder, eintöniger, abweisender Landstrich mit kargen Böden und enormer Armut, die ganze Dorfschaften zur Auswanderung in die Neue Welt zwang. Im Jahre 1820 schreibt der Geognost Christian Keferstein: „Ich bin über einen bedeutenden Theil dieses traurigen Gebirges gekommen, aber die hier ge-

Wiesen- und Ackerland stößt unmittelbar an das von Pappeln umsäumte Südufer des Laacher Sees, des flächengrößten Gewässers der Vulkaneifel. Den steil aufragenden Rand des Seebeckens krönen einzelne, markante Vulkankuppen.

sehene Einförmigkeit und Oede läßt sich kaum beschreiben: halbe Tage wandert man, ohne ein Dorf zu sehen, auf kaum betretenen Wegen; meist trifft man nur Geniste und Heide.“ In anderen zeitgenössischen Darstellungen ist sogar die Rede vom rheinischen Sibirien, weil es in den Höhengebieten mancher Eifelteile nur zwei einigermaßen frostfreie Monate im Jahr geben sollte und noch um 1838 die Nachrichten von einer Wolfsplage die Bevölkerung im weiten Umkreis erschreckten. Angesichts der vielen Schmähungen ist nur zu verständlich, daß sich die Bewohner der randlich gelegenen Teillandschaften vom Bitburger Gutland über die Pellenz bis zu den Lößbörden der benachbarten Niederrheinischen Bucht heftig dagegen wehrten, überhaupt als Eifeler bezeichnet zu werden. In der Eifel zu Hause zu sein, war im letzten Jahrhundert ein Makel, jemanden einen Eifeler nennen, ein tief treffendes Schimpfwort.

Das Meinungsbild hat sich zu Recht langsam, aber sehr gründlich gewandelt. Zum einen versteht man unter „Eifel“ durchaus nicht mehr nur die angeblich so unwirtlichen oder vom Klima vernachlässigten Hochlagen im Zentrum und im Westen. Etwa seit der Jahrhundertwende dehnte man die alte fränkische Regionalbezeichnung auf sämtliche Landstriche zwischen der Landesgrenze im Westen, dem Rhein im Osten, der Mosel im Süden und dem Abfall des Schiefergebirges zum Niederrheinischen Tiefland im Norden aus – ein Gebiet, das man auch ebensogut mit dem Städteviereck Aachen, Bonn, Koblenz und Trier abstecken könnte.

Auf der anderen Seite gilt die Eifel längst als das grüne Herz des westlichen Mitteleuropas, als ideales Wanderparadies, als Erholungslandschaft für den erlebnisreichen, stillen Naturgenuß. Die Eifellandschaft ist gewiß nicht verschlossen und schon gar nicht abweisend, vielleicht aber ein wenig zurückhaltend und auf jeden Fall schweigsam. Ihr fehlen die Lieblichkeit der angrenzenden Flußlandschaften und die lärmende Fröhlichkeit der Städte. Die Zuneigung zur Eifellandschaft entwickelt sich zögernd und schrittweise, steigert sich aber dennoch zu großer Innigkeit. „Das ist das Land, das mich beredt macht, selbst wenn ich stumm bleiben möchte“, schwärmt die Eifeldichterin Clara Viebig in ihrem „Kreislauf des Jahres“ über diese Region, der die politische Geschichte über Jahrhunderte hinweg übel mitspielte, bis sie beinahe in der Vergessenheit versunken war. Erst als um die Mitte des vorigen Jahrhunderts schwärmerische Bonner Professoren wie Ernst Moritz Arndt, Karl Simrock oder Gottfried Kinkel die Pfade der Rheinromantik verließen und durch das Ahrtal in die entlegenen Winkel im Kerngebiet der Eifel wanderten, entdeckten sie den fatalen Irrtum von der vermeintlich so gesichtslosen und öden Eifel.

Für die Wissenschaft rückte die Eifel schon ein halbes Jahrhundert zuvor in den Blick. Naturkundler, die sich in erster Linie für Mineralien und Bodenschätze, aber auch für das Gesicht der Landschaft interessierten, kamen wieder und wieder in die Eifel, unter anderem auch weil sie hier eine große Anzahl erloschener Vulkane und Krater vorfanden. Sicher hat diese frühen Forscher die Vorstellung von der feurigen Vergangenheit der Landschaft, von den wahrhaftig höllischen Szenarien eines Vulkanausbruchs besonders fasziniert.

Die Eifel besteht weithin aus sanft gewellten Rumpfhochf ächen. Tief eingeschnittene Täler und aufgesetzte Vulkankuppen bringen sehr viel Abwechslung in die Szene und beleben das Landschaftsbild.

Carl Wilhelm Nose (1753–1835), von Beruf eigentlich Mediziner, widmete sich begeistert der Erforschung der Gesteine und bereiste dazu mehrfach auch die Südwesteifel, wie man in seinem monumentalen Werk „Orographische Briefe über das Siebengebirge und die benachbarten, z. Th. vulkanischen Gegenden beyder Ufer des Nieder-Rheins" (1790) nachlesen kann.

Als britischer Gesandter in Neapel widmete sich Sir William Hamilton intensiv der Erforschung des Vesuvs, sah sich aber mehrfach auch in der Eifel um. Alexander von Humboldt, einer der letzten Universalgelehrten, unternahm seine erste Forschungsreise durchaus nicht zufällig an den Mittelrhein und in die Eifel. „Die Eyffel hat ihres Gleichen in der Welt nicht", schreibt Leopold von Buch, einer der Stammväter der deutschen Geologie, am 12. August 1820 in einem Brief an Johann Steininger, und fährt weiter fort: „Ihre Kenntnis kan gar nicht umgangen werden, wenn man eine klare Ansicht der vulcanischen Erscheinungen auf Continenten erhalten will." Seine Einschätzung hebt hervor, was auch nach ihm viele Beschreiber der rheinischen Landschaft immer wieder betonten – daß der nordwestliche Teil des Rheinischen Schiefergebirges vor allem geologisch ungleich vielfältiger und reizvoller ist als Hunsrück, Taunus oder der Westerwald, obwohl diese Schiefergebirgsteile noch in Sichtweite der Eifel liegen.

Landschaften gleichen bedeutenden, über viele Epochen hinweg entstandenen und entwickelten Bauwerken. Jeder Zeitabschnitt hat in der Haut der Erde seine besonderen Zeichen und Zeugnisse hinterlassen, in denen man wie in einem Geschichtsbuch lesen kann. Allerdings ist es heute nicht ganz einfach, das Nebeneinander der Erscheinungsformen zu einem klaren zeitlichen Nacheinander zu ordnen. Einen orientierenden Streifzug durch die Erdgeschichte wollen wir darum jetzt im Land der Maare unternehmen.

Siebenbächen bei Strotzbüsch. Über Jahrzehntausende haben sich kleine Flüsse und Bäche tief in die Eifelhochfläche eingeschnitten. Ausgedehnte Laubmischwälder und grüne Talfluren laden zum Wandern ein.

Höhen und Tiefen

Aus der Eifeler Erdgeschichte

Als die Eifelvulkane explodierten und der Eifeler Landschaft völlig neue Gesichtszüge verliehen, haben ihre Schlote einen Gesteinskomplex durchschlagen, der im unteren Teil aus kristallinen Schiefern besteht, auf den obersten drei bis fünf Kilometern aber aus gefalteten und übereinandergeschobenen Sandsteinen, Tonschiefern, Kalken und Mergeln. Täler haben dieses obere Gebirgsstockwerk an vielen Stellen wie mit einer Säge angeschnitten.

Den Bereich, an dem seine Gesteine an die Oberfläche kommen, nennt man das Rheinische Schiefergebirge. Die Eifel bildet darin die Nordwestecke. Die Gesteine des Schiefergebirges sind ehemaliger Meeresboden. Sie entstanden vor über 350 Millionen Jahren zur Devonzeit in einem breiten Meeresbecken, in das von den benachbarten Festländern zunächst Sand und Tonschlamm eingeschwemmt wurde. In der Folgezeit haben sich an verschiedenen Stellen auch Kalke abgelagert, nicht zuletzt, weil örtlich im Gebiet der heutigen Eifel Muschelbänke und mächtige Korallenriffe wuchsen.

Gewaltige Kräfte haben all diese Gesteinsstapel vor etwa 300 Millionen Jahren zusammengeschoben und in Falten gelegt, so wie eine Tischdecke Falten aufwirft, wenn man sie von den Rändern her bewegt. Die mächtigen Gesteinsfolgen ließen sich durch Faltung jedoch nicht

Vulkantypen der Eifel

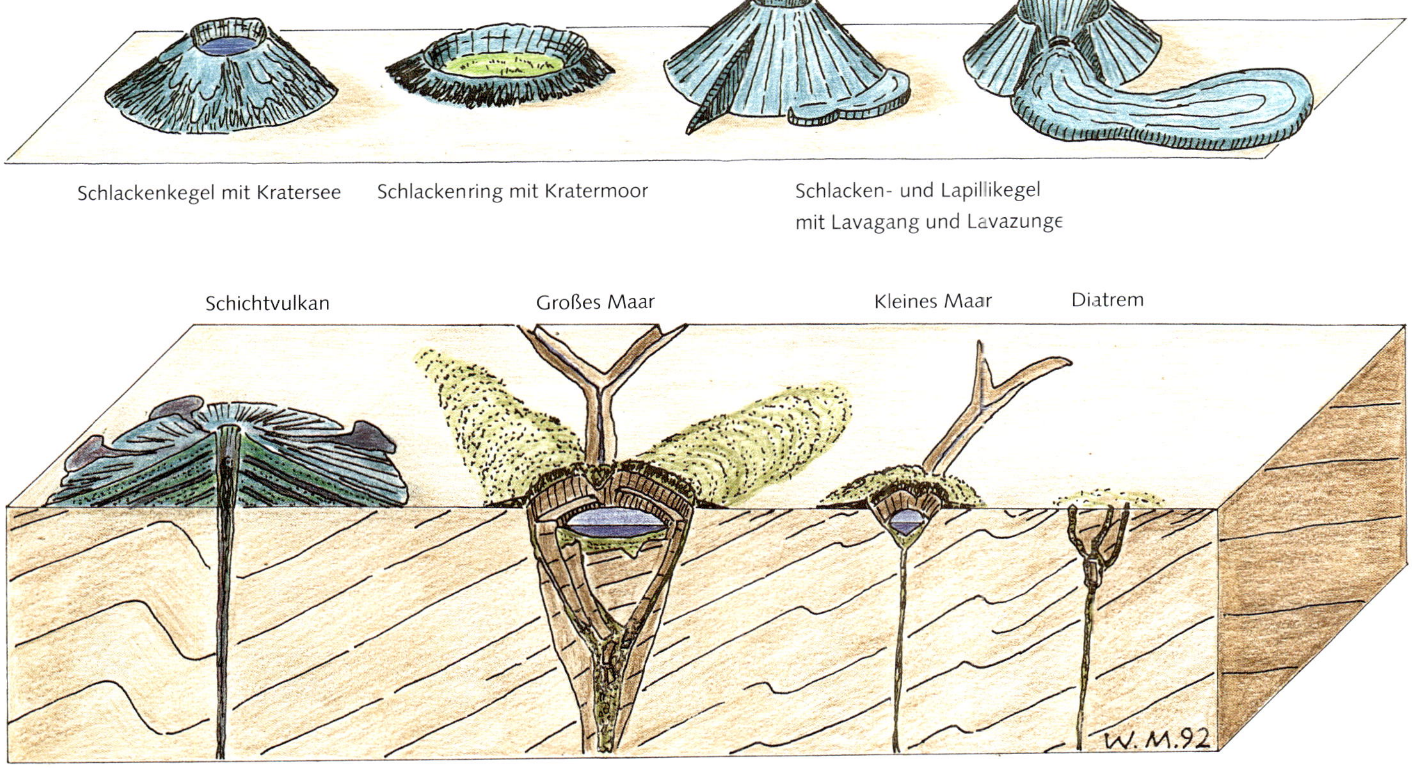

überall auf beliebig kleinen Raum einengen. Manchmal brach das steinerne Paket in einzelne Schollen, die gegeneinander verworfen oder sogar übereinandergeschoben wurden. Nach der Auffaltung stieg das Faltengebirge auf, wurde anschließend aber durch Wind und Wetter wieder abgetragen und über viele Millionen Jahre hinweg stark eingeebnet. In vielen Teilen der Eifel vermissen wir aus diesem Grund das Aussehen einer typischen Gebirgslandschaft. Statt dessen breiten sich horizontweit flache, allenfalls sanft gewellte oder geschwungene Hochflächen aus. War das Gebiet des Rheinischen Schiefergebirges in der Devonzeit ein Flachmeer, so blieb der Gebirgsrumpf im darauffolgenden Erdmittelalter (dem Mesozoikum) als sogenannte Rheinische Insel Festland. Die Meere der Trias-, Jura- und Kreidezeit überspülten die Eifel nur an ihren Rändern. Allein in der westlichen Eifel durchquert eine Senkungszone das Hochgebiet in Nord-Süd-Richtung. In dieser Zone sind auch während der Trias-Zeit und zu Beginn der Jura-Epoche Gesteine abgelagert worden: In der Trier-Bitburger Bucht im Süden und der Mechernich-Nideggener Senke im Norden baute der ziegelrote Buntsandstein weite Flächen auf; das Rurtal im Norden

Im Ditschbachtal zwischen Gerolstein und Hillesheim. Die feinblättrigen, immer noch horizontal lagernden Schichten des Buntsandsteins entstanden vor mehr als 200 Millionen Jahren. Der Ditschbach hat sie angeschnitten und an den Talflanken freigelegt.

Die Gebirgsfaltung hat die alten devonischen Kalkschichten schräg gestellt.

Der 286 m hohe Kegel des Neuerburger Kopfes ist die markanteste Erhebung in der Wittlicher Talweitung. Von unten eingedrungenes vulkanisches Material hat seinen anstehenden rötlichen Sandstein so verfestigt, daß er der Verwitterung gut standhalten konnte.

oder das Kylltal im Süden haben aus diesem Gestein eindrucksvolle Felsbastionen herauspräpariert. Die darüberliegenden weichen Schichten von Muschelkalk und Keuper bilden besonders im Bitburger Raum enorm fruchtbare Ebenen.

Der Luxemburger Sandstein aus dem Unteren Jura baut Hochplateaus mit nahezu senkrechten Wänden auf. Das Sauertal und seine Nebenflüsse haben in der Umgebung von Echternach (Echternacher Schweiz und Ferschweiler Plateau) eine bizarre Formenwelt in diese Gesteinseinheit hineingeschnitten. Das kreidezeitliche Meer überflutete Teile des Eifelgebiets von Nordwesten her nur kurzfristig. Schon während dieser Zeit gab es im Gebiet der Eifel erste Ansätze von Vulkanismus: Der kegelförmige Neuerburger Kopf (286 m) und der niedrigere, etwas rundlichere Lüxemberg zwischen Bombogen und Neuerburg in der Wittlicher Senke sind nach neueren Datierungen rund 108 Millionen Jahre alt und gehören damit in die Unter-Kreide. Beide Berge bestehen aber nur zu einem geringen Teil aus vulkanischem Material; größere Bedeutung hat der Sandstein aus der Perm-Zeit, den die eingedrungenen Vulkangesteine verkieselt und damit gegenüber seiner Umgebung besonders verwitterungsbeständig gemacht haben.

Vor etwa 50 Millionen Jahren, in der Tertiärzeit, begann die eingeebnete Schiefergebirgsscholle langsam aufzusteigen, während sich nördlich von ihr, entlang von Verwerfungen, die Kölner Bucht (Niederrheinische Bucht) einsenkte. Diese Krustenbewegungen begleitete ein besonders lebhafter Vulkanismus, der seinen Schwerpunkt zunächst im Gebiet der Hocheifel zwischen Adenau und Kelberg hatte, sich in der Folgezeit aber bis zum heutigen Rheingebiet ausdehnte.

Die spätere Erosion hat diese tertiärzeitlichen Vulkane bis fast in den Schlotbereich wieder abgebaut, so daß von den etwa

Steilgestellte devonische Schieferbänke tragen einen artenreichen Aufwuchs.

S. 16/17: Stark eingeebnete Eifelrumpffläche bei Hasborn.

350 Ausbruchspunkten meist nur kleine Kuppen übrig blieben. Einige von ihnen bilden imposante, die alte Rumpffläche deutlich überragende Bergkegel, etwa die Hohe Acht (mit 746,9 m der höchste Berg der Eifel), aber auch Nürburg, Hochkelberg, Höchstberg oder Aremberg.

Dieses Hocheifeler Vulkanfeld bezeichnet das Westende eines Vulkanstreifens aus der Tertiärzeit, der im Osten an der Elbe in Nordböhmen beginnt und sich über Rhön, Vogelsberg und Westerwald quer durch Mitteleuropa bis in die Eifel hinzieht.

Die Hebung des Schiefergebirgsblocks beschleunigte sich deutlich während der Quartärzeit vor etwa 700 000 Jahren.

Die andauernde, langsame Gebirgshebung zwang die Flüsse, sich immer tiefer einzuschneiden. Erst jetzt entstand allmählich die heutige Mittelgebirgslandschaft mit

ihren tiefen Tälern und den dazwischenliegenden schmalen Rücken. Auch diese Hebungsphase begleitet wiederum starker Vulkanismus, durch den in der Osteifel ein ausgedehntes Vulkanfeld mit vielen Basaltvulkanen und drei großen Einbruchsenken (Calderen) entstand – dem Riedener Kessel, dem Wehrer Kessel und dem Laacher See-Kessel.

In der Westeifel entwickelte sich gleichzeitig das faszinierende Vulkanfeld, dem im folgenden unser Hauptinteresse gelten soll: In einem Streifen zwischen Bad Bertrich im Südosten und Ormont im Nordwesten entstanden etwa 100 basaltische Tuff- und Schlackenkuppen und – darin besteht die Einzigartigkeit dieses Vulkanfeldes – rund 50 Maarkessel, von denen heute noch acht mit Wasser gefüllt sind.

Die gewaltigen Lavablöcke bei Dohm-Lammersdorf nördlich von Gerolstein, in denen Rot-Buchen Fuß gefaßt haben, wurden vom Giesenheld-Vulkan ausgeschleudert

Landschaft mit Löchern

Das junge Vulkanfeld der Westeifel

Die Horizontlinie sieht fast immer so aus, als wäre sie mit dem Lineal gezogen. Nur Taleinschnitte und freistehende Vulkantypen beleben stellenweise das Bild.

Das westliche Vulkanfeld gehört zu den landschaftlich schönsten Gebieten der Eifel. Die heftigen Vulkanausbrüche im jüngsten Abschnitt unserer Erdgeschichte (Quartär) und innerhalb dieser geologischen Epoche im rund zwei Millionen Jahre währenden Eiszeitalter (Pleistozän) haben es geschaffen. Die Eckpunkte der 50 km langen Vulkanreihe liegen im Südosten bei Bad Bertrich, wo Lavaströme zeitweilig den Ueßbach aufgestaut haben, und im Nordwesten bei Ormont mit dem einsamen Schlackenkegel des Goldberges in der Nähe der belgischen Grenze.

Der Name Goldberg wie auch der französische Ortsname gehen wohl auf die rotgoldenen Glimmertäfelchen in den vulkanischen Aschen zurück, die der Volksmund manchmal auch Katzengold nennt. Etwa hundert Aschen- und Schlackenkegel und mehr als fünfzig Maarkessel, von denen heute noch acht mit Wasser gefüllt sind, bestimmen in diesem Streifen das Landschaftsbild.

Zur Südwestseite ist das Vulkanfeld vergleichsweise scharf begrenzt – es sind ihm nur bei Manderscheid und bei Birresborn kleinere Vulkangruppen vorgelagert.

Gegen die östlich anschließende Hocheifel strahlt das Westeifeler Vulkangebiet dagegen sehr weit aus und rückt bis auf zehn Kilometer an das gleichaltrige Vulkangebiet der Osteifel, das Laacher See-Gebiet, heran. In der Westeifel finden wir annähernd 230 Schlote. Deren Vulkanbauten, die oft aus mehreren Förderzentren zusammengesetzt sind, entstanden über einen Zeitraum von ungefähr 600 000 Jahren – eine zeitliche Spanne, die ein Vielfaches der bisherigen menschlichen Geschichte umfaßt und mit modernen radiologischen Meßmethoden recht genau zu datieren ist. (Dazu messen die Geowissenschaftler die in einigen Mineralen vulkanischer Gesteinen vorkommenden radioaktiven Elemente, die sich mit gleichbleibender und präzise voraussagbarer Geschwindigkeit verändern und dabei Strahlung abgeben.)

Ascheaufschluß bei Gerolstein. In den fein geschichteten Aschelagen bilden sich gleichsam die Atemzüge des Eifelvulkans ab, der das Lockermaterial gefördert hat.

Das bisher höchste radiometrisch bestimmte Alter weist der Basaltvulkan Beuel bei Zilsdorf auf – nämlich rund eine Million Jahre. Seine Explosion scheint aber nur ein Vorläufer zu den eigentlichen Hauptakten des vulkanischen Geschehens zu sein, das vor ca. 600 000 Jahren an mehreren Stellen im Raum Daun – Gerolstein einsetzte.

Ein schönes Beispiel aus dieser älteren Vulkangeneration ist der Firmerich östlich vom Bahnhof Daun: Es handelt sich dabei um einen basaltischen Schlackenwall, den ein nach Nordwesten ausfließender Lavastrom geöffnet hat. Auf dessen Westende steht die denkmalwürdige Burg Daun. Zwischen ihr und dem Firmerich verläuft heute das tief eingeschnittene Tal der Lieser. Der hier noch recht schmächtige Bach hat nicht nur den harten Lavastrom durchschnitten, sondern sich auch noch rund 50 m tief in die Devonschiefer eingegraben. Allein aus dieser beachtlichen Erosionsleistung muß man auf ein hohes Alter der Lava schließen – das im Labor radiometrisch gefundene

Die Lieser oberhalb der Pleiner Mühle. Sie entspringt in der Nähe von Daun, fließt durch ein tief eingeschnittenes Tal und mündet beim gleichnamigen Ort Lieser in die Mosel.
Ein Waldwanderweg folgt dem Flußlauf von der Quelle bis zur Mündung.

S. 22/23:
Der einzige Kratersee der Eifel ist der mit Wasser gefüllte Schlackenwall des Windsborns im Mosenberg bei Manderscheid. Vom gut erhaltenen, hoch aufragenden Schweißschlackenwall geht der Blick weit über die südwestliche Eifel bis hinüber in den Hunsrück.

Alter von rund 600 000 Jahren bestätigt den Geländebefund. Ein weiteres sehr interessantes Beispiel für einen Vulkan der älteren Generation ist der Lavastrom des Kalem. Der Kalem zwischen Birresborn und Lissingen füllt einen alten Talboden der Kyll aus. Der Bach mußte den harten Lavariegel umgehen und sich östlich davon ein neues Tal schaffen, das er inzwischen ebenfalls um rund 50 m eingetieft hat. Auch diese Erosionsleistung erforderte einen großen Zeitraum – an der Kalem-Lava hat man radiometrisch ein Alter von rund 540 000 Jahren bestimmt.

Neben Lavaströmen, die sich in Täler eingefressen haben, gibt es in der westlichen Vulkaneifel auch Lavaströme, welche in Täler abflossen, die damals schon fast bis in ihr heutiges Niveau eingeschnitten waren, beispielsweise im Kylltal beim Gerolsteiner Ortsteil Sarresdorf (westlich vom Bahnhof), im Alftal bei Strohn und im Ueßbachtal bei Bad Bertrich. Diese Lavaströme müssen erst während der letzten Eiszeit oder sogar danach erstarrt sein. Demnach wären sie nur einige zehntausend Jahre alt. Die jüngsten Vulkane in der Westeifel sind die Maare. Ihr Alter ließ sich mit den Meßmethoden der Pollenanalyse oder mit Hilfe der Warvenchronologie (vgl. S. 44) eingrenzen.

Die Vulkangesteine der Westeifel sind fast ausnahmslos basaltisch zusammengesetzt und im gesamten Vulkanfeld relativ gleichförmig. Sie alle wurden wohl von der gleichen Quelle gespeist. Man nimmt heute an, daß das basaltische Magma in Tiefen von etwa 100 km entsteht, wenn Gesteine des Erdmantels großflächig aufgeschmolzen werden. Wie eine derart gewaltige Aufheizung verursacht wird – die Basaltschmelzen erreichen die Erdoberfläche immerhin mit einer Temperatur von etwa 1100 °C – weiß man noch nicht genau.

Der Aufstieg der Gesteinsschmelzen vom Erdmantel bis an die Erdoberfläche dauert manchmal nur wenige Tage. Dies kann man aus der Beobachtung ableiten, daß manche Basalte Bruchstücke von Gesteinen des Erdmantels enthalten, die einen längeren Transport kaum überstanden hätten. Wenn die Gesteinsschmelze sich der Erdoberfläche nähert, läßt allmählich auch der Druck nach, unter dem sie während des Aufstiegs in der Erdkruste steht. Die Druckentlastung führt wiederum zur Freisetzung von sehr viel Gas, wie man es auch beim Öffnen einer Sprudelwasser- oder Sektflasche beobachtet. Das Gas reißt Stücke von den Schlotwänden und aus dem Dach der aufsteigenden Magmensäule. Es zerlegt außerdem die Schmelze in einzelne Tropfen, die mit großer Gewalt nach oben geschleudert und aus der Schlotöffnung ausgeworfen werden. Die kleineren Schmelztropfen erstarren während des Fluges zu runden, erbsengroßen Lapilli (italienisch: Steinchen). Bei dezimeter- oder gar metergroßen Lavafetzen bildet sich außen eine feste Erstarrungsrinde, während sie im Inneren noch flüssig sind. Sie können dadurch zu spindelartigen oder tropfenförmigen „Schlackenbomben“ zugerundet werden, aber auch beim Aufschlag wie zerbrochene Eier auseinanderlaufen und sich miteinander zu Schlackenbänken verschweißen (Schweißschlacke). Eine Rekordbombe von vier Meter Durchmesser ist übrigens im Dorf Strohn an der Straße aufgestellt; sie stammt aus dem imposanten Schlackenvulkan Wartgesberg.

Eine der gewaltigsten Lava-
bomben der Eifel, gefunden im
Bereich des Wartgesberges,
kann man im Dorf Strohn besich-
tigen. Sie wurde mit ungeheurer
Wucht aus dem Erdinneren an
die Oberfläche geschleudert und
erhielt ihre Form durch Rotation
während ihres „Fluges".

Die gasgetriebene Ausbruchstätigkeit eines Vulkans baut Lapilli- oder Schlackenkegel auf. Heutiger Vulkanismus zeigt, daß dies binnen kürzester Zeit ablaufen kann: Beim Basaltvulkan Paricutin in Mexiko konnte man im Jahre 1943 beobachten, wie ein 160 m hoher Aschenkegel in nur sechs Tagen aufgeschüttet wurde.

Viele Vulkankuppen der Eifel zeigen gerade diese Größenverhältnisse. Wenn der Magmenspiegel im Schlot so weit ansteigt, daß er die vorvulkanische Landoberfläche erreicht, kann am Fuß des Aschen- oder Schlackenkegels auch Lava austreten. Bei mäßigem Nachschub aus der Tiefe bildet sich nur eine kurze Lavazunge, wie man es am Westfuß des berühmten Mosenberges bei Manderscheid sehen kann. Andererseits kann das Magma aber auch Spalten im Untergrund ausfüllen oder als schmaler, steilstehender Gang in den Schlackenbau eindringen – auch dies zeigt uns der Westfuß des Mosenberges.

Wenn größere Mengen Lava aus dem Schlot quillen, können sie sogar einen Teil des zuvor aufgeschütteten Schlackenkegels wieder wegschwemmen, so daß nur eine hufeisenförmige Vulkanruine zurückbleibt und sich ein Lavastrom entweder rund um den Vulkan ausbreitet – oder ein nahegelegenes Tal erreicht und dieses kilometerweit mit Lava ausgießt (wie etwa das Alftal bei Strohn und das Ueßbachtal bei Bad Bertrich).

Die heiße Lava hat ein deutlich größeres Volumen als die erkaltete. Bei der Abkühlung reißen daher unvermeidlich Klüfte auf. Sie zerlegen das Gestein in einzelne Säulen, die immer senkrecht zur ursprünglichen Oberfläche des Lavastromes (bzw. zur Abkühlungsfläche) stehen. Direkt an der Stromoberfläche läuft die Abkühlung verhältnismäßig rasch ab – die entstehenden Gesteinssäulen sind dann sehr unregelmäßig geformt und oft auch mehrere Meter dick. Ist die Abkühlung dagegen verzögert, weil die Schmelze in einem Tuffmantel erstarrt (wie es bei vielen rheinischen Vulkanen aus der Tertiärzeit der Fall war), bilden sich viel regelmäßigere Säulen, die nur wenige Dezimeter dick sind. Selbst während der Erkaltung gibt die Schmelze noch Gas ab, das in einzelnen Blasen im Gestein gewissermaßen „eingefroren" wird. Wenn die durch Abkühlung schon etwas zäh gewordene Lavamasse dennoch etwas vorwärtskriecht, platten sich die Gasblasen ab und verleihen dem Lavastrom eine Art Schichtung.

Schon seit über hundert Jahren findet man in den Lehrbüchern der Geologie Abbildungen der Käsegrotte bei Bad Bertrich, die als Musterbeispiel für die Verwitterung an Basaltsäulen gilt: Hier ist westlich der Elfenmühle ein Basaltlavastrom angeschnitten worden, in dem die senkrecht stehenden Säulen durch flachliegende Klüfte gegliedert sind. Durch Verwitterung entstanden daraus gerundete Einkerbungen, so daß nun die einzelnen Säulen wie aus runden Käselaiben zusammengesetzt erscheinen.

Die Lapilli- und Schlackenkegel der Eifel sind im Laufe der Jahrtausende zu runden Kuppen verwittert, wobei sich gewöhnlich auch die Kratermulden gefüllt haben. Nur bei dem vergleichsweise jungen Schlakkenbau des Windsbornvulkans in der bilderbuchschönen Mosenberg-Gruppe bei Manderscheid ist wegen der Härte der Schweißschlackenbänke der Kraterrand noch scharf erhalten geblieben. Im Krater-

Lavabrocken in der Wolfsschlucht (Horngraben) bei Manderscheid. Aus dem südlichen Krater der Mosenberg-Vulkangruppe drang ein Lavastrom etwa 1 km weit ins Tal der Kleinen Kyll vor.

boden häufte sich mit der Zeit organisches Material an und dichtete ihn nach unten ab. So konnte hier ausnahmsweise ein flacher Kratersee (Windsborn) entstehen – es ist tatsächlich der einzige, den wir unter den vulkanisch entstandenen Gewässern der Eifel finden. Er wird häufig auch als Maar bezeichnet, doch ist dies vulkanologisch nicht richtig. Auch das benachbarte Hinkels„maar", das die Kratersenke in einem Schlackenvulkan ausfüllt, ist kein richtiges Maar im Sinne der wissenschaftlich verbindlichen Festlegung. Mit den echten Maaren, die einen gerade in der Westeifel besonders häufigen Vulkantyp bilden und sehr zum geologischen Weltruhm dieses Gebietes beigetragen haben, beschäftigen wir uns im folgenden Kapitel etwas eingehender.

Mit Feuer und Wasser

Entstehung der Eifelmaare

Schon seit Jahrhunderten bezeichnet der Volksmund im Rheinland kleine Gewässer oder feuchte Stellen als Maare. Eine überraschende Vielzahl solcher Kleingewässer mit Maarnamen verzeichnet beispielsweise die Karte des Naturparks Kottenforst-Ville für die großen Waldgebiete westlich von Bonn. Die Namensforscher leiten das entsprechende Wort vom lateinischen mare = Meer ab.

Auch die vulkanisch entstandenen Gewässer in der Eifel wurden offenbar schon immer so genannt. Sebastian Münster verwendet in seiner Cosmographia aus dem Jahre 1544 die Bezeichnung „Marh" für den Laacher See und das Ulmener Maar. Der Trierer Gelehrte Johann Steininger machte in seinem Werk „Die erloschenen Vulkane in der Eifel und am Niederrhein" im Jahre 1820 die Fachleute erstmals mit der Vulkanologie der Eifelmaare bekannt, und der Universalgelehrte Alexander von Humboldt war es schließlich, der in seinem 1858 erschienenen „Kosmos" die gesamte gebildete Welt über den besonderen Vulkantyp der Maare informierte. Inzwischen sind the maars und les maars auch in der internationalen Fachliteratur feste und ein-

Der heute halbmondförmige Meerfelder Maarsee liegt in einem fast kreisrunden Maarkessel. Mit nahezu 1,5 km^2 Grundfläche ist er das größte Eifelmaar. Neuere Untersuchungen der Maarablagerung ergaben für die Hohlform ein Alter von 29 000 Jahren.

Der Kessel des Sprinker Maars hat das Alftal ausgesprengt. Der Boden dieses Trockenmaares wird heute als Weideland genutzt. Auf dem Maarrand stockt ein geschlossener Buchenhochwald.

heitlich verwendete Begriffe. Nach wie vor ist die Kurzbeschreibung gültig, die Alexander von Humboldt in seinem berühmten Monumentalwerk „Kosmos" für ein Eifelmaar gab: Er definierte Maare als „kesselförmige Einsenkungen in nicht vulkanischem Gestein (devonischem Schiefer) und von wenig erhabenen Rändern umgeben, die sie selbst gebildet". Wir ergänzen diese beschreibende Erläuterung um die Feststellung, daß die Maarkessel oder Maartrichter vorwiegend durch Gaseruptionen ausgeräumt wurden.

Damit haben wir ein klares Kriterium an der Hand, um die Maare von anderen vulkanisch entstandenen Hohlformen eindeutig zu unterscheiden – beispielsweise von den schüsselförmigen Kratern im Schlotbereich von Schlackenkegeln und Schichtvulkanen oder auch von Kesselsenken, die durch das Einbrechen der Erdkruste (oder eines Vulkanbaus) über einem stark entleerten Magmenherd entstehen und Calderen heißen.

Hier und da gibt es Tuffschlote von geringem Durchmesser, die zwar ebenfalls auf

Gaseruptionen zurückgehen, aber keine auffällig in die Landoberfläche eingetieften Trichter entwickelten. Man bezeichnet sie daher auch nicht als Maare, sondern als Durchschlagröhren oder Diatreme. Im Osteifeler Vulkangebiet um den Laacher See finden sich einige Beispiele dafür.

In älteren populärwissenschaftlichen Beschreibungen des Maarvulkanismus konnte man gelegentlich lesen, daß Maarkessel, -trichter oder -schüsseln durch die Explosion entzündlicher Gase entstanden seien, etwa nach Art der gefürchteten „Schlagenden Wetter", die in Steinkohlenbergwerken immer wieder Katastrophen für Mensch und Material verursacht haben. Vor etwa 20 Jahren erkannte man jedoch, daß die Maare auf äußerst heftige Wasserdampfexplosionen zurückzuführen sind; sie entstanden, wenn verhältnismäßig kaltes, versickerndes Oberflächenwasser mit aufgeheiztem Gestein in Berührung kam. Manchmal genügte dazu der Kontakt mit den Grundwasservorräten, nachdem sich das Magma durch Fugen und Klüfte des Grundgebirges den Weg weit genug nach oben gebahnt und das umgebende Gestein entsprechend stark überhitzt hatte.

Das Immerather Maar, auch Strotzbüscher Maar genannt, liegt in einem Seitental des Ueßbaches. Der Maarsee zeigt einen bohnenförmigen Umriß, weil eingeschwemmte Aschen den Maarboden schon teilweise aufgefüllt haben.

Gelegentlich mag auch Gesteinsdruck in der oberen Erdkruste vorhandene Sprünge oder Brüche so sehr geweitet haben, daß Oberflächenwasser tiefer versickern konnte. Und schließlich kam es auch zur Explosion, wenn Wasser sich in einen gerade geöffneten Tuffschlot ergoß.

Die Vermengung der so gegensätzlichen Elemente wie Feuer und Wasser war in jedem Fall verhängnisvoll. So wie sich der sprichwörtliche Tropfen auf den heißen Stein augenblicklich verflüchtigt, verwandelte sich das einsickernde Wasser bei Umgebungstemperaturen im Gestein von weit über 1000 °C sofort in Wasserdampf und entwickelte gewaltige Druckkräfte, für die die kontrollierte Wucht einer Dampfmaschine ein brauchbares, aber nur sehr bescheidenes Modell ist. Wenn von glühendem Magmenbrei in der Tiefe aufgeheiztes Gestein mit Wasser von der Erdoberfläche in Berührung kam, mußte sich der enorme Druck des überspannten Wasserdampfes explosiv entladen. Er zerriß und zertrümmerte das einsperrende Gestein und preßte es mit großer Gewalt genau in die Richtung, in der es am ehesten nachgeben konnte – nach oben. Dabei entstand ein Schlot, durch den der Wasserdampf heißes Gesteinsmaterial ausschleuderte. (Man bezeichnet in der Vulkanologie diese nach der Reaktion von heißem, vulkanischem Material mit kaltem Wasser ablaufenden Vorgänge nach dem altgriechischen Wort phrear = Brunnen als phreatomagmatische oder phreatische Eruptionen.)

Ob nun der Schlot zu einer einfachen Durchschlagröhre wurde oder sich zum Maarkessel erweiterte, hing nur davon ab, ob kleinere oder größere Wassermengen mit der Magma reagierten und in welcher Tiefe der verhängnisvolle Kontakt zwischen Feuer und Wasser stattfand.

Wenn vergleichsweise geringe Wassermengen von oben zuliefen, etwa durch kleinere Bäche oder Gewitterfluten, fanden die Wasserdampfexplosionen schon nahe der Erdoberfläche statt, vielleicht in nur 30 bis 100 m Tiefe. Dabei entstanden Aussprengtrichter von höchstens einigen hundert Metern Durchmesser. Das Volumen der zerborstenen, ausgesprengten Gesteinsbruchstücke, die außen zu einem Wall aufgeschüttet wurden, entspricht dabei ungefähr dem Rauminhalt des entstandenen Maartrichters. Zu diesem Maartyp gehören unter anderem Gemündener Maar, Weinfelder Maar, Pulvermaar, Holzmaar, Dürres Maar und auch das kleinste der Eifelmaare, die Hitsche westlich von Gillenfeld, die sich heute lediglich als kleine Wiesensenke von nur 60 bis 70 m Durchmesser im Gelände abzeichnet.

Etwas anders verlief die Maarbildung, wenn sehr wasserreiche Bäche, die Regenfälle in der Folge vorheriger Eruptionen vielleicht noch anschwellen ließen, in die Tuffschlote gelangten. Das Wasser konnte dann tiefer versickern, und es kamen auch größere Wasserportionen mit überhitztem Gestein in Berührung. In solchen Fällen verliefen die Explosionen ungleich heftiger, weil sie jetzt in Tiefen von 300 bis 500 m stattfanden. Die Tiefe machte es unmöglich, nach oben einen Trichter durchzubrechen. Statt dessen zertrümmerten die Explosionen das Gestein bereits in der Explosionskammer und preßten es durch Spalten oder enge Schlote nach oben, von wo es in kilometerweiten Strahlen in die Maarumgebung geschleudert wurde. In die so entleerte Explosionskammer brachen nun von oben große Schollen des Daches ein. Die Kessel dieses besonderen Maartyps verdanken ihre Entstehung nicht nur der raumschaffenden Aussprengung, sondern zusätzlich auch der Einsenkung. Die entstandene Hohlform ist deutlich größer als die bei der Explosion ausgeworfene Gesteinsmenge. Ein besonders eindrucksvolles Beispiel dafür ist der mit rund 1500 x 1200 m Durchmesser größte Maarkessel der Eifel, in dem das Dorf Meerfeld am Meerfelder Maarsee liegt. Hier gibt es am Kesselrand mehrere gegeneinander verkippte Schollen, wie sich an der verstellten Faltenstruktur der betroffenen Devongesteine ablesen läßt. Zum Typ der durch wasserreiche Bäche ausgebildeten Maare gehören zudem die großen Kessel des Dreiser Weihers (1350 x 1200 m) und des westlichen Schalkenmehrener Maars (1300 x 1000 m).

Theoretisch hätte schließlich auch reichlich vorhandenes Grundwasser phreatische Eruptionen auslösen können, doch ist der devonische Untergrund der Eifel daran verhältnismäßig arm. Viele Eifeldörfer haben Schwierigkeiten, wenn sie ihren Wasserbedarf allein aus dem Schiefergestein decken müssen. Demnach waren beim Auslösen der Wasserdampfexplosionen die Rinnsale und Bäche viel bedeutsamer als das Grundwasser.

Da das Oberflächenwasser bei der Entstehung der Maare eine so entscheidende Rolle spielt, wird verständlich, daß die meisten der Eifelmaare in Tälern liegen. Außerdem findet damit eine bemerkenswerte Eigenart der Maar-Förderprodukte eine plausible Erklärung – sie bestehen nämlich überwiegend aus Bruchstücken des devonischen Untergrundes und nur zum geringeren Teil aus magmatischen Bestandteilen; die relativ oberflächennahen

Das kleinste aller Eifelmaare ist mit etwa 60 m Durchmesser die westlich von Gillenfeld gelegene Hitsche (Hütsche). In der Wiesenflur fällt die vermoorte Senke kaum auf.

Wasserdampfexplosionen haben die Trichter- und Kesselformen aus dem Unterdevongestein des Grundgebirges ausgesprengt.

Man darf sich die Maarentstehung übrigens nicht als einmalige Explosion vorstellen. Einzelne Eruptionen fanden wohl über einen Zeitraum von wenigen Tagen bis einigen Wochen immer wieder statt. Vergleichbare Vorgänge hat man erst in jüngster Zeit bei der Bildung von Maaren in Vulkangebieten von Alaska und Chile auch direkt beobachten können.

Die Maarexplosion, die an der Erdoberfläche eine Hohlform schuf, bewirkte natürlich auch eine Druckentlastung im Herdsystem des Vulkans. Dadurch wurden auch weit unterhalb der Zone, deren Gesteine die Maare aussprengten, Eruptionen ausgelöst, die sogar Gesteinsbruchstücke aus dem Erdmantel an die Oberfläche bringen konnten. Als solche deutet man die faustgroßen Olivinbomben, die besonders in den Tuffen der großen Maare zu finden sind – etwa beim Meerfelder Maar oder beim Dreiser Weiher. Bei Mineraliensammlern sind solche Fundstücke, die häufig ein Gemenge flaschengrüner, olivgelber und gelbweißlicher Kristalle enthalten, sehr begehrt.

Die charakteristischen Förderprodukte eines Maarvulkans sind zur Zeit am besten am Ulmener Maar sichtbar. Hier schneidet die Straße zum Parkplatz am Maar nördlich der Kirche auf beiden Seiten hohe Wände aus Ascheschichten an. Diese sind überwiegend durch flach über den Boden nach außen rasende Eruptionswolken aufgebaut worden. Einzelne Gesteinsbomben sind aber auch in hohem Bogen aus dem Schlot ausgeworfen worden und haben sich entsprechend von oben in die Tuffschichten eingedrückt. Vom Parkplatz kann man auf den Tuffwall hinaufsteigen, von dem beim Bau der Autobahn ein Teil abgetragen wurde. Blickt man nach Norden in das weite Tal, in dem der Tuffwall des Maares ein flaches Gewässer aufgestaut hat, so erkennt man den Ulmener Weiher oder Jungferweiher. Mit seinen breiten Schilfgürteln ist er ein richtiges Vogelparadies, und zwar zur Brutzeit im Frühsommer ebenso wie zur Zugzeit, wenn zahlreiche Wasser- und Sumpfvögel das Gebiet zur Rast oder sogar zur Überwinterung aufsuchen.

Jedes Jahr im Frühling (ab März) und im Herbst (ab Mitte September) kann man am Ulmener Maar und dem benachbarten Jungferweiher unter anderem mit Kiebitzregenpfeifer, Dunklem Wasserläufer, Alpenstrandläufer, Rotschenkel, Knutt, Großem Brachvogel, Ufer- und Pfuhlschnepfe oder Waldwasserläufer rechnen. Seltener finden sich auch Säbelschnäbler, Temminckstrandläufer, Steinwälzer oder Sanderling ein. Die Brutgebiete vieler dieser Arten liegen weit im hohen Norden, die Winterquartiere zum Teil südlich des Mittelmeergebietes. Wenn die ziehenden Vogelscharen einfallen, gewinnen die stillen Eifelgewässer einen Hauch von arktischer Tundra oder subarktischen Feuchtgebieten. Die große Artenzahl zeigt, wie wichtig es ist, daß diese Vögel auf ihren Wanderrouten auch bei uns genügend große Feuchtgebiete mit ausreichendem Nahrungsangebot antreffen.

Vom Laacher See und seiner Landschaft

Weder Maar noch Kratersee

Stetig und ohne große Kehren führt die Straße aus dem Brohltal über Bad Tönisstein hoch nach Wassenach. Parallel dazu verläuft etwas höher am Hang ein Wanderweg. Beide treffen am Wanderparkplatz beim Hotel Waldfrieden zusammen. Hier bietet eine Wegetafel den ersten Kartenüberblick zur Landschaft, die sich hinter dem dichten und geschlossenen Buchenhochwald ausbreitet.

Ungleich eindrucksvoller wird der Landschaftseindruck, wenn man auf bezeichnetem Weg ein paar Schritte zum 1927 erbauten Lydiaturm geht und von dort die prachtvolle Rundsicht einen besonderen landschaftlichen Glanzpunkt der vulkanischen Osteifel genießt.

Der nahezu vollständig waldumrandete Laacher See im weiten Oval des Laacher Kessels ist das größte natürliche Gewässer der nördlichen Mittelgebirgsregion. Die Nordflanken des Seekessels fallen recht steil zum Wasser ab, während das Südufer viel sanfter geneigt ist. Die jetzt von Weidegrünland, Ackerfluren und Obstplantagen bedeckten Flächen sind ehemaliger Seeboden, denn der Seespiegel lag ursprünglich um etwa 15 Meter höher. Als die Mönche im Jahre 1093 mit dem Bau der Abtei Maria Laach (Sancta Maria ad Lacum) begannen, lagen Basilika und Konventgebäude wirklich noch unmittelbar am See (ad lacum). Nach starken Niederschlagsperioden standen die Gebäude des Klosters und die Krypta der Abteikirche mehrfach unter Wasser, so daß die Mönche unter ihrem Abt Fulbert sich gezwungen sahen, kurz nach 1150 einen 880 m langen Abzugstollen durch die südliche Seeumwallung zu treiben, der den Seespiegel zuverlässig auf ungefähr 279 m über dem Meer einpegelte. Dieser Fulbert-Stollen ist erhalten und, da er seit langem trocken liegt, fast auf seiner gesamten Länge begehbar. Im Jahre 1844 baute man unterhalb des mittelalterlichen Stollens einen zweiten, 1060 m langen Abzugskanal, der den Seespiegel nochmals um fünf Meter auf sein jetziges Niveau bei 274,7 m absenkte

Vielfach kann man hören, der Laacher See sei das größte Eifelmaar. Er ist jedoch mit Sicherheit kein Maar – und auch kein Kratersee –, denn seine Entstehung verlief nicht so wie die der Maarkessel des Westeifeler Vulkanfeldes. Schon der Rundblick orientiert darüber, daß das landschaftliche Umfeld des Laacher Sees ganz anders als das der Maare beschaffen ist.

Da fallen die markanten selbständigen Vulkankuppen der hohen Seeumwallung auf. Ganz im Südwesten liegt der (genau 400 m hohe) Thelenberg, weiter westlich flankiert vom höheren Laacher Kopf, auf dem vorgeschichtliche Hügelgräber nachgewiesen sind. Den Nordwestpfeiler der Seewallberge bildet der Veitskopf mit seinem hufeisenförmig geschwungenen Aschenwall. Östlich der Seeumwallung fallen Heidekopf und der Krufter Ofen in den Blick. Mit dem genau südlich des Sees gelegenen Wingertsberg schließt sich der Kreis. Alle diese Vulkane sind viel älter als der Kessel des Laacher Sees, denn ihre Flanken sind

In einer knapp zweistündigen Wanderung kann man den großartigen, vulkanisch entstandenen Laacher See umrunden. Der Uferweg eröffnet immer wieder reizvolle Blicke auf die Wasserfläche und die gegenüberliegenden, steil ansteigenden Wände.

mit den Bimsschichten vom Ausbruch des Laacher See-Vulkans überdeckt.
Dessen Tätigkeit stellt das vorletzte vulkanische Ereignis in der Eifel dar; es hat die gesamte Region am nachhaltigsten geprägt: Relativ leichte trachytische bis phonolithische Gesteinsschmelzen quollen innerhalb der Erdkruste auf und bildeten nur wenige Kilometer unter der Erdoberfläche einen Herd, in dem der Gasdruck sehr stark anstieg. Das führte zunächst zu einigen kleineren Eruptionen im Gebiet von Mendig. Sie wanderten nach Norden auf das Gebiet des heutigen Laacher Sees zu. Dadurch entstand im Herd eine Druckentlastung, die das glutflüssige Magma plötzlich aufschäumen ließ. Jetzt konnte sich der Herd in gewaltigen Explosionen zu großen Teilen entleeren. Die Schmelze wurde dabei in einzelnen Tropfen nach oben getrieben und erstarrte schon beim Aufstieg, wobei das Gas in Blasen eingeschlossen blieb. So entstanden die schaumigen leichten Bimssteine.
In der Umgebung des Schlotes, der im Nordteil des heutigen Seebeckens liegt, schütteten die Eruptionen hohe Wälle auf und überdeckten das gesamte Neuwieder Becken mit einer mehrere Meter dicken Bimsdecke. Als millimeterdünne Lagen sind feine Aschen dieser Eruption in Hochmoorschichten an vielen Stellen Mitteldeutschlands und des Ostseeraumes sowie des Westalpenbogens zu finden. Daraus kann man ersehen, daß durch die Gewalt des Ausbruchs ein Gasstrahl Kilometer hoch bis in die Stratosphäre aufstieg und Luftströmungen die feinen Aschen anschließend weithin verfrachteten. Aus der Lage der unverwechselbaren Laacher Ascheschichten in den Hochmooren und mit Hilfe der Baumringdatierung (Dendrochronologie) läßt sich übrigens der Zeitpunkt dieser Naturkatastrophe erstaunlich exakt bestimmen – sie fand 9080 v. Chr. statt.
Aus dem Zustand der Vegetation, die der aus Glutwolken des Laacher Vulkans abgesetzte Traß im nahen Brohltal unter sich begraben hat, kann man sogar die Jahreszeit ablesen: Die Eruption muß sich in der zweiten Julihälfte ereignet haben. Sie hat

Den vielleicht schönsten Überblick über den Laacher See gewinnt man vom Lydiaturm oberhalb der Nordostecke des Seekessels.

Der Laacher See ist Lebensraum einer artenreichen Pflanzen- und Tierwelt und eines der bedeutendsten Naturschutzgebiete der Eifel. Von seinem Fischreichtum profitieren neben den Petrijüngern und Züchtern auch etliche fischfangende Wasservögel.

wohl nur kurze Zeit angedauert, denn nirgendwo findet man zwischen den Bimsschichten irgendwelche Spuren von Bodenbildung oder Pflanzenwuchs.
Nach der plötzlichen Herdentleerung brach die Erdkruste ein und hinterließ eine 2 x 3 km große Caldera, wie man die weiten vulkanischen Einsturzsenken nennt. Der Laacher Kessel ist also kein Maar, weil seine Hohlform nicht durch explosive Ausräumung, sondern eben durch Deckeneinsturz entstand. In der ausgekühlten Caldera lief nach und nach das Grund- und Niederschlagswasser zusammen und staute sich zum Laacher See auf – einem klassischen Caldera-See, dem einzigen übrigens, den es in Mitteleuropa gibt.
Der Laacher See und der größte Teil seiner Umwallung sind ausgewiesenes Naturschutzgebiet – eines der flächengrößten im nördlichen Rheinland-Pfalz. Gründe für die Unterschutzstellung waren einerseits die besondere landschaftliche Schönheit des vulkanisch entstandenen Mittelgebirgssees, vor allem aber auch seine einzigartige naturkundliche und geologische Bedeutung als eines der jüngsten vulkanischen Zeugnisse in Mitteleuropa. Das Laacher See-Gebiet ist zudem aus ökologischen und biologischen Gründen außerordentlich wertvoll. In den Wäldern rund um den See kommen zahlreiche seltene, besonders geschützte Pflanzenarten vor. Die Bibliothek der Abtei Maria Laach bewahrt eine nur in wenigen Exemplaren im Jahre 1868 erschienene Bestandsaufnahme der Laacher Flora auf, die fast 1200 verschiedene Pflanzenarten auflistet, und in den kleinen Schilfwäldchen an seinem Südufer hat man zahlreiche, zum Teil schon sehr seltene Vogelarten nachgewiesen.

Die Bemühungen um die Bewahrung des einzigartigen Laacher See-Gebietes und die Ausweisung zum Naturschutzgebiet konnten indessen nicht verhindern, daß die Laacher Landschaft nach Kräften vermarktet wird. Die Belastungen reichen vom Massentourismus und seinen Begleiterscheinungen (ausuferndes Wegenetz, Tankstelle, Autostellflächen, Campingplatz, Wassersport, Bootsverleih) über die Sportfischerei und die negativen Folgen der intensiven Landwirtschaft im Seekessel bis zum Abbau vulkanischer Lockergesteine unmittelbar an der Seeumwallung. Die gesamte Laacher Landschaft benötigt dringend ein Konzept, in dem der Schutz der Natur an erster Stelle steht.

Vor allem das mit Schilf und anderen Röhrichtpflanzen bestandene Südufer des Laacher Sees ist ein unersetzlicher Rast- und Brutraum vieler selten gewordener Vogelarten.
Aus Naturschutzgründen ist es unumgänglich, die Besucherströme so zu lenken, daß kein unnötiger Druck auf die wertvollen Lebensräume entsteht. Stimmungsvolle Ruhe wird man am See nur außerhalb der Hauptsaison erleben.

Als habe Hephaistos nur Pause gemacht...

Lebt der Vulkanismus fort?

Die zeitliche Einordnung der drei Eifeler Vulkanfelder in einen älteren, tertiärzeitlichen Vulkanismus und in eine jüngere, quartärzeitliche Ausbruchsphase muß den Eindruck erwecken, als lägen alle diese Ereignisse bereits weit hinter uns. Geradezu unwahrscheinlich mutet die Vorstellung an, die Erde könne sich an irgendeiner Stelle der schönen Eifellandschaft erneut auftun und Aschen, Schlacken, Lapilli oder gar größere Gesteinsbrocken mit feurigem Spektakel ausspeien. Allzu bereitwillig vertraut man darauf, daß solche Ereignisse in der Gegenwart auf den großen, erdumspannenden Feuerring beschränkt bleiben, der im wesentlichen die küstennahen Regionen des pazifischen Ozeans erfaßt. Hier und da gibt es vulkanisch aktive Gebiete

Jeder Eifelvulkan ist ein eindrucksvoller Zeuge für die feurige Vergangenheit der Landschaft. Ob die Gewalten der Unterwelt mit dem Abschluß des Eifelvulkanismus endgültig Ruhe geben, ist jedoch fraglich.

Kein neuer Vulkanausbruch: Die Feuerkugel der Sonne versinkt genau hinter der Vulkangruppe des Mosenbergs.

aber auch in anderen Erdregionen, einige davon – im globalen Maßstab betrachtet – sozusagen vor der Haustür, wie etwa in Island oder im südöstlichen Mittelmeergebiet.

Nichts deutet darauf hin, daß der Boden unter unseren Füßen endgültig erkaltet ist und die jungen Vulkanfelder in der Nachbarschaft auf alle Zeiten ruhig bleiben. Eine ganz einfache Überlegung läßt in etwa abschätzen, wie es um die Zukunft des heimischen Vulkanismus bestellt sein mag. Nach den recht zuverlässigen Datierungsergebnissen für die Westeifeler Vulkane erstreckte sich das Ausbruchsgeschehen über rund 600 000 Jahre. In der Westeifel sind rund 230 Ausbruchspunkte aus diesem vulkanischen Zyklus bekannt, so daß der durchschnittliche Zeitabstand zwischen den einzelnen Eruptionen rund 25 000 Jahre beträgt.

Niemand kann gegenwärtig sagen, wie der genaue Zeittakt zwischen zwei Vulkanausbrüchen in unserer Region beschaffen war. Aber selbst wenn die Explosionen zu bestimmten Zeiten in kürzeren Abständen erfolgten und die Pausen zwischen den Einzelakten dieses Schauspiels länger waren, könnte unsere Gegenwart immer noch eher ein Pausenfüller als ein Zeitpunkt nach dem Schlußakkord sein. Bedenkt man nämlich, daß sich eine der größten europäischen Vulkankatastrophen, der Ausbruch des Laacher See-Vulkans, erst vor wenig mehr als 11 000 Jahren ereignete und das Ulmener Maar sogar noch deutlich jünger ist, wird deutlich, daß wir uns statistisch mitten zwischen zwei Einzelausbrüchen befinden.

Zu den Anzeichen, die ein Fortleben des Vulkanismus wahrscheinlich machen, gehören die zahlreichen Kohlensäure- und Mineralquellen (Thermalquellen) im Eifelraum. Die Kohlensäure, die aus dem erfrischend prickelnden Wasser der Eifeler Mineralquellen ausperlt, stammt meist aus glutflüssigen Gesteinsschmelzen in größerer Tiefe. Ruhendes oder (vorübergehend) erkaltendes Magma setzt aus chemischen Umsetzungen anfallendes Kohlendioxid frei. Dieses Gas sucht sich seinen Weg durch Klüfte und Spalten des Grundgebirges nach oben, erreicht nahe der Oberfläche das Grundwasser und löst sich darin unter Druck zur Kohlensäure. Der Lösungsprozess erleichtert den chemischen Angriff des Wassers auf das Gestein, so daß schließlich auch mineralische Bestandteile in Lösung gehen. Die komplexe Stoffmischung tritt schließlich an der Erdoberfläche in natürlichen Quellen aus oder wird zur technischen Nutzung erbohrt. Eine besonders eindrucksvolle, als Brunnen gefaßte Quelle kann man am Ortsrand von Wallenborn sehen: Der Gasdruck, der sich in geringer Tiefe aufbaut, läßt die Wasserfüllung des Borns etwa zweimal je Stunde heftig aufwallen. Die Antriebskräfte, die das Wasser wie in einem Kochtopf sprudeln lassen, sind die gleichen, die in Island die weltberühmten Geysire in die Höhe treiben.

Kohlendioxid verläßt die Erdkruste aber nicht nur auf dem Weg über Mineralquellen, sondern auch als unsichtbares, ungelöstes Gas. Mehrere hundert Tonnen dieses Stoffes, der nicht aus der Arbeit der Bodenorganismen stammt, gibt die Eifel jährlich an die Erdatmosphäre ab. Wenn also in einem Gebiet gehäuft Mineralquellen auftreten oder beträchtliche Ausgasungen von Kohlendioxid nachzuweisen sind, hat man direkte Hinweise auf Stoffentmischungen in der Erdkruste, die gleichsam zur Begleitmusik des Vulkanismus gehören.

Nahezu unmerklich, im Grunde aber nicht minder dramatisch als die vulkanisch beeinflußten Quellen sind die Vorgänge der Gebirgshebung, die man nicht unmittelbar sehen, wohl aber mit sehr empfindlichen Messungen verfolgen kann. Teile der Eifel steigen gegenwärtig rascher auf, als es der durchschnittlichen jährlichen Aufwölbung der devonischen und mesozoischen Gesteinsschichten seit Beginn der

Tertiärzeit entspricht, nämlich bis knapp zwei Millimeter im Jahr. Im Tertiär und auch während des Quartärs haben solche Krustenbewegungen jeweils den ausgiebigen Vulkanismus der verschiedenen Vulkanfelder begleitet.

Wie sehr die Erdkruste nach wie vor in Bewegung ist, zeigen auch die in diesem Gebiet gar nicht so seltenen Erdbeben. Bei dem Beben im April 1992, das über dem Herd am Ort des Geschehens südwestlich von Roermond auf der Richter-Skala immerhin die Stärke 6,0 erreichte, lösten sich Krustenteile voneinander, die sich bei ihren Relativbewegungen verkeilt und verhakt hatten. Tiefgründige Bruchlinien sowie Sprünge in der Erdkruste sind bisher immer auch die bevorzugten Aufstiegswege für Gesteinsschmelzen gewesen. Folglich kann von Dauerruhe der Erde unter uns sicher keine Rede sein.

Überall in der Vulkaneifel treten Kohlensäure- und Mineralquellen aus. Sie bilden die Grundlage eines für die Eifel sehr wichtigen Wirtschaftszweiges.

Im Gerolsteiner Raum wurde bei neuesten geophysikalischen Untersuchungen eine Stelle entdeckt, welche die Geschwindigkeit von Erdbebenwellen aus Tausende von Kilometern entfernt liegenden Bebenherden deutlich abbremst. Ursache für diese ungewöhnliche Erscheinung können begrenzte Aufschmelzungen der Gesteine im Erdmantel in etwa hundert Kilometer Tiefe sein. Noch läßt sich die Frage nicht beantworten, ob diese Schmelzanteile Restbestände des noch nicht allzu lange ruhenden eruptiven Geschehens sind oder ob sich damit neue vulkanische Aktivität vorbereitet. Eine ähnliche Anomalie fand sich auch unter dem schon lange erloschenen tertiärzeitlichen Großvulkan Vogelsberg in Hessen.

Vulkanische Aktivität kündigt sich meist durch Zunahme der Erdwärme in eng begrenzten Räumen an. In den jungen Vulkangebieten der Eifel hat man in den letzten Jahrzehnten mehrere Bohrungen niedergebracht, um den Wärmestrom der Erde zu messen. Dabei sollte auch überprüft werden, ob die Vulkanzonen (wie gegenwärtig in Island und in Italien) vielleicht technisch nutzbare Erdwärme abgeben. Es stellte sich allerdings heraus, daß in den rheinischen Vulkangebieten zur Zeit keine auffälligen Wärmeströme vorhanden sind. Für die Nutzung von Erdwärme sind die Aussichten daher schlecht. Umgekehrt haben wir damit aber die Gewißheit, daß wenigstens in den nächsten Jahren kein neuer Vulkanausbruch bevorsteht.

Archiv der Vor- und Frühgeschichte

Maare als Zeitdokumente

Für das Auge weniger spektakulär als Flora und Fauna, aber für die Wissenschaft um so bedeutsamer ist die Tatsache, daß die Tiefen der Maarseen und Maarmoore über etliche Jahrtausende hinweg als Sedimentfallen wirkten, deren Inhalt uns heute viele interessante Einzelheiten aus der Geschichte der Maare und ihrer unmittelbaren Umgebung verrät.

Während langer Zeiträume haben die Maarbecken nämlich allerhand Erosionsmaterial, das auf verschiedenen Wegen in die Senken oder Trichter gespült wurde, festgehalten und aufgeschichtet. Solche Schichtfolgen kann man, wenn man spezielle Untersuchungsmethoden einsetzt, wie die Seiten in einem Buch aufblättern und daraus bestimmte Abläufe rekonstruieren, die sich lange vor der eigentlich geschichtlichen Zeit mit ihrer schriftlichen Überlieferung ereigneten. Für zwei Untersuchungsverfahren ist der Inhalt der Maarkessel besonders ergiebig – für die Pollenanalyse und die Warvenchronologie.

Die Pollenanalyse nutzt den Umstand, daß zahlreiche Pflanzen ihren Blütenpollen nicht durch Insekten von Blüte zu Blüte verschleppen lassen, sondern einfach alles in den Wind schlagen. Zu den wichtigsten heimischen Windblütlern gehören die Gräser und die Mehrzahl der waldbildenden Baumarten.

Blütenpollen sind trotz ihrer enormen Kleinheit (auf einen Stecknadelkopf passen mindestens ein paar hundert Pollenkörner) ungewöhnlich widerstandsfähig und beständig. Wenn sie irgendwo ungenutzt zu Boden sinken, vergeht oder verwest ihre derbe Hülle erstaunlicherweise überhaupt nicht. Selbst über Jahrhunderte oder Jahrtausende hinweg sind die Pollenkörner mit allen Details von Form, Größe und Oberflächenbeschaffenheit erhaltungsfähig. Zudem entwickeln die meisten windblütigen Pflanzen artspezifisch unterschiedlich gestaltete Pollen. Wenn man sich eine Pollenprobe im Mikroskop ansieht, läßt sich so genau feststellen, von welcher Pflanzenart das betreffende und eventuell schon sehr alte Material stammt. Die Sedimente am Gewässergrund oder die Torflagen eines Moores konservieren jedes Jahr eine neue Pollenlage der windblütigen Pflanzen aus unmittelbarer Nachbarschaft oder geringer Entfernung. Die Schlammpackungen am Boden eines Maarsees oder das lange wachsende Torfpaket eines Maarmoores entwickeln sich somit über Jahrzehnte, Jahrhunderte oder gar Jahrtausende zu einem vielschichtigen Pollenarchiv voller spannender und detaillierter Informationen.

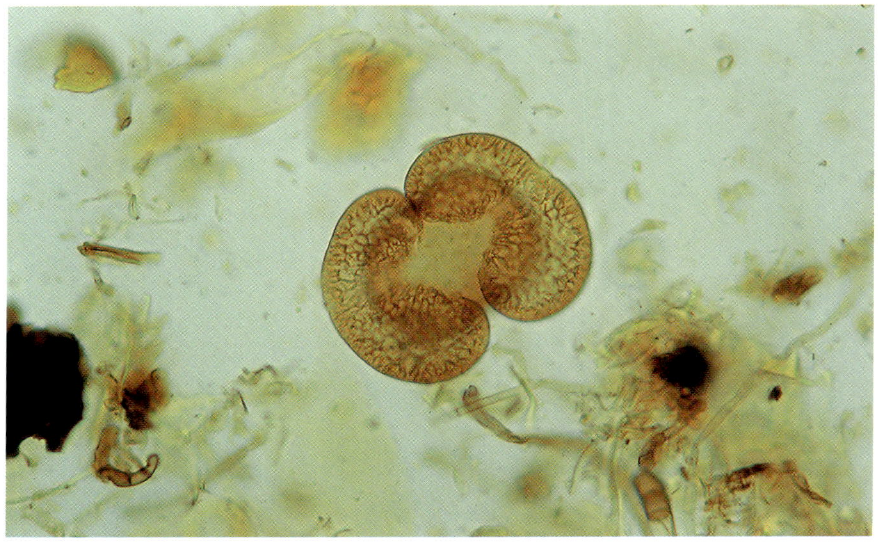

Mikroskopisch kleine Kunstwerke der Natur sind die Pollen (Blütenstaub). Über Jahrtausende bleiben sie in See- oder Moorablagerungen erhalten und bilden somit wichtige Zeugnisse für eine längst vergangene Pflanzenwelt.

Wenn wir heute Bohrkerne aus den Gewässerablagerungen oder den viele Meter mächtigen Torfpaketen eines Moores entnehmen, lassen sich die jeweiligen Pollenniederschläge über sehr lange Zeiträume rückwärts verfolgen.

Eine wichtige Nachricht, welche die Pollenforschung in einer solchen Probe jeweils entschlüsseln kann, sind neben der artgenauen Bestimmung die unterschiedlichen Mengenverhältnisse verschiedener Pollenarten. Die Pollenanalyse muß also feststellen, wie sich im Bohrprofil von unten nach oben die Pollenzusammensetzung verändert. Man gewinnt auf diese Weise ein zeitlich sehr genaues Bild, wie die pollenstreuende Pflanzenwelt nahe der Pollenfundstelle in den verschiedenen Zeitabschnitten ausgesehen hat. Jahrgenau drückt sich im Bohrkern die Vegetationsgeschichte der betreffenden Region aus. Da alle wichtigen waldbildenden Bäume Europas windblütig sind, kann man anhand der Pollenspektren vor allem die nacheiszeitliche Waldgeschichte nachvollziehen.

Wichtige Zeitmarken innerhalb der Torfschichten und Pollenprofile der Eifelmaare sind zudem die eingeschalteten Aschenlagen benachbarter Vulkane.

Bevor sich die Rot-Buchen im Frühjahr belauben und alles in den Schatten stellen, bedeckt sich der Waldboden mit einem lückenlosen Blütenteppich aus Busch-Windröschen.

Während zurückliegender Jahrzehnte sind die Pollenprofile mehrerer Eifelmaare sehr gründlich untersucht worden, darunter auch der Polleninhalt des Torfpakets im östlichen Schalkenmehrener Maar. Unter dem heutigen Torflager befinden sich mehrere Meter mächtige vulkanische Ascheschichten, die vom Ausbruch des westlichen Schalkenmehrener Maares herrühren.

In den Torfen, die über der Aschenlage folgen, finden sich vor allem Pollen von Weiden, Birken und Kiefern. Die älteste Waldbedeckung der Maareifel (und sicher auch der übrigen Eifelregionen) hatte also nach der letzten Eiszeit in etwa das Aussehen der heutigen Waldtundra in Skandinavien. Etwa im siebten vorchristlichen Jahrtausend lösten ausgedehnte Haselbestände die Birken und Kiefern ab. Wenig später trat erstmals der Eichen-Mischwald mit seinem kennzeichnenden Pollenbild in Erscheinung – anfangs noch als parkartig offener, dann aber zunehmend als geschlossener Waldbestand. Neben den beiden heimischen Eichen-Arten enthielt er immer auch wechselnde Anteile vor allem von Ulmen und Linden. Im dritten vorchristlichen Jahrtausend wandelte sich das Bild noch einmal sehr gründlich. Jetzt begann nämlich die Rot-Buche mit der allmählichen Rückwanderung aus ihren südwesteuropäischen Quartieren, wo sie die Würm- / Weichsel-Eiszeit erfolgreich überdauerte. Etwa um 500 v. Chr. hatte sie die Eichen und die anderen waldbildenden Baumarten an Bedeutung bereits überholt und ist seither der wichtigste natürliche Waldbaum der gesamten Region.

Nicht immer ist bei den flach umwallten Senken der Westeifel der Maarcharakter ohne weiteres zu erkennen. Landschaftlich und naturräumlich bilden die Feuchtsenken besonders wertvolle Lebensräume. Weißblühendes Mädesüß und karminrotes Weidenröschen liefern ein reizvolles Farbenspiel. Auch ihre Blütenpollen sind eine wichtige Zeitmarke in den Ablagerungen der Maarböden.

Interessanterweise zeigen die in den Maarsedimenten von der Natur aufbewahrten Pollenniederschläge nicht nur die natürliche Bewuchsentwicklung, sondern auch das flächendeckende Auftreten und Wirken des Menschen an. In den Torfschichten, die ca. dem Zeithorizont um 3000 v. Chr. entsprechen, zeigen sich erstmals auch für die Vulkaneifel Getreide- und Wegerichpollen – untrügliche Anzeichen dafür, daß die jungsteinzeitlichen und bronzezeitlichen Bauern in der Maareifel bereits größere Waldgebiete gerodet und in weitflächige Ackerfluren oder Siedlungsland umgewandelt hatten. Seit jener Zeit wandelte sich die Naturlandschaft zur Kultur- und Produktionslandschaft – ein Vorgang, der bis in unsere geschichtliche Gegenwart anhält.

Das Pollenarchiv Maarmoor hat dabei auch Notzeiten aufgezeichnet: Die Unruhen der Völkerwanderungszeit im vierten nachchristlichen Jahrhundert hatten zur Folge, daß viele der mühsam gewonnenen Ackerflächen wieder aufgegeben wurden und sich mit Zwergstrauchheide überzogen – in den Torflagen für diesen Zeithorizont treten verstärkt die Pollen von Besenheide und Heidelbeere auf. Auch die Verwüstungen in der Folge des Dreißigjährigen Krieges lassen sich an entsprechenden Veränderungen im Pollenbild zweifelsfrei ablesen.

Kürzlich konnte eine Arbeitsgruppe unter der Leitung des Trierer Geologen Jörg Negendank anhand der Sedimentfüllung einiger Maarkessel einen erstaunlich genauen Jahreskalender für die letzten 13 000 Jahre erstellen. In mehreren Maaren, unter anderem auch im Meerfelder Maar, stachen die Geologen durch Bohrungen 10–45 Meter lange, ungestörte Sedimentsäulen aus dem Maarboden. Wenn man diese butterweichen Schichtsäulen aus dem Maarboden mit Kunststoff härtet, kann man sehr dünne, aber stabile Scheibchen herausschneiden und unter dem Mikroskop genauer betrachten. Bei solchen Untersuchungen stellte sich heraus, daß die Maarsedimente aus zahllosen, millimeterdünnen Lagen aufgebaut sind.

Je eine helle und eine dunkle Schicht gehören zusammen und verkörpern jeweils ein Jahr. Die hellen Schichten bestehen aus den Schalen von Kieselalgen und den Dauerstadien weiterer einzelliger Algen – sie sind das Ergebnis einer besonders lebhaften biologischen Produktion in den Frühjahrs- und Sommerwochen. Im Herbst und Winter bildeten sich aus abgestorbener organischer Substanz und abgelagerten Tonpartikeln die dunklen Schichten. Solche deutlich erkennbaren Jahresschichten bezeichnet man mit einem schwedischen Wort als Warven. Schon vor über hundert Jahren hatte der Geologe Gerard de Geer erkannt, daß Bändertone einen unerwartet inhaltsreichen Kalender abgeben.

Den Trierer Wissenschaftlern ist es gelungen, durch Auszählen der Maar-Warven für die Eifel einen jahrgenauen Kalender zu erstellen, der vorerst bis zur letzten Eiszeit zurückreicht. Während dieser Vereisung war das Gebiet des Schiefergebirges zwar nicht vergletschert, doch bestand Dauerfrost mit ganzjährig gefrorenen Böden. Auch die Maarseen waren damals zugefroren. Unter solchen Bedingungen war unter der Eisdecke keine nennenswerte biologische Produktion möglich. Auch konnten aus der Maarumgebung kaum Sedimente eingeschwemmt werden. Während der Eiszeit blieb die „Warvenuhr" also stehen. Erst mit der allmählichen Klimaverbesserung kam die schöne, regelmäßige Ablagerung der Jahresschichten in Gang.

Die Warvenskalen der verschiedenen bisher untersuchten Maarkessel lassen sich recht gut miteinander in Beziehung setzen und synchronisieren, weil in allen eine wenige Zentimeter dicke Aschenlage eingeschaltet ist, die aus Bimstuff des Laacher See-Vulkans besteht, der bei der Laacher Eruption im Jahre 9080 v. Chr. in die Umgebung verdriftet wurde und eine sehr zuverlässige, unverwechselbare Zeitmarke darstellt.

Zusätzlich treten in den erbohrten Sedimentsäulen der Maarböden die charakteristischen Aschenlagen verschiedener Vulkane der Westeifel auf. Auch die Maar-Warven haben übrigens bestimmte Abläufe aus historischer Zeit aufgezeichnet: Die großen Rodungen während der Römerzeit und zu Beginn des Mittelalters zeigen sich in den Warvenfolgen mit verstärkter Toneinschwemmung aus den großflächig vom Wald entblößten Böden.

Da die feingeschichteten Warven in den erbohrten Sedimenten immer nur die obersten Teile ausmachen und von vielen Metern rein mineralischer Bodenschichten unterlagert werden, geben die rund 13 000 auszählbaren Streifen natürlich nur das biologische Alter der Maarseen an. Nimmt man das gesamte überlieferte Sedimentprofil der Maarböden, kommt man auf ein wesentlich höheres Maaralter, als man noch vor zwei oder drei Jahrzehnten annahm. Danach dürften zumindest die größeren Maare zwischen 20 000 und etwa 100 000 Jahre alt sein.

Die jetzt so genau ermittelten Maarwarven sind für die Datierung der jüngsten Erdgeschichte von größtem Interesse, erlauben sie doch, die Grenze zwischen Späteiszeit und Nacheiszeit auf etwa 12 800 vor unserer Gegenwart festzulegen.

Die Rot-Buche ist im gesamten Eifelraum der wichtigste waldbildende Baum. Lange nach dem Ende der letzten Eiszeit wanderte sie aus ihren südwesteuropäischen Überdauerungsgebieten in das atlantisch geprägte Mitteleuropa zurück. Allzu strenge Winter schätzt sie indessen nicht.

Sensation im Sediment

Vom Eckfelder Maar und dem
Eifel-Urpferd

Wenn der Name Eckfeld fällt, bekommen Geologen und Paläontologen ganz glänzende Augen: Das kleine, beschauliche Dorf in der Verbandsgemeinde Manderscheid ist im Begriff, einer der bedeutendsten mitteleuropäischen Fossilfundpunkte zu werden. Bohrungen und Grabungen haben hier einen Zeithorizont freigelegt, der in Europa nur an ganz wenigen Stellen zugänglich ist.

Das Eckfelder Maar in der Verbandsgemeinde Manderscheid macht von sich reden. Das rund 50 Millionen Jahre alte Trockenmaar ist Fundstätte bedeutender Fossilien.

Die neuesten Entdeckungen haben ihre besondere Vorgeschichte. Im Jahre 1839 machte der Eckfelder Schulmeister Nikolaus Pauly einen Fund, der seine weitere berufliche Laufbahn sehr verändern sollte. Bei einer Wanderung im bewaldeten Tal des Pellenbaches fand er ein in der Südwesteifel bis dahin kaum bekanntes Material, ein krümeliges Stück Gestein, das er für Braunkohle hielt, weil man es für Heizzwecke verwenden konnte. In Pauly erwachte der Unternehmergeist. Er legte zwei Schächte an, um das Vorkommen dieses Gesteins genauer zu erkunden und begann 1854 tatsächlich mit dem planmäßigen Abbau. Der nahegelegene Hüttenbetrieb in Eisenschmitt ist vermutlich sein Hauptabnehmer gewesen. Der Abbau dauerte ein paar Jahre an, bis es im Eckfelder Bergbaugebiet wieder so ruhig wurde wie zuvor.

Ungefähr zu dieser Zeit interessierte sich auch die Wissenschaft für die Eckfelder Braunkohle: Im Jahre 1853 erschien in Bonn die erste Abhandlung, die auch auf fossile Blätter und Früchte aufmerksam machte. Diese Mitteilung fand jedoch wenig Interesse. Erst rund ein Jahrhundert später wurde Eckfeld für die Wissenschaft wiederentdeckt. In der Sammlung der Geowissenschaftlichen Institute der Universität Köln fiel dem Paläontologen Hans D. Pflug ein Stück der fast schon vergessenen Eckfelder Braunkohle in die Hände. Die Untersuchung der darin fossil erhaltenen Pollen und Sporen ergab überraschend, daß das Vorkommen wohl mindestens doppelt so alt sein muß, wie man bisher annahm.

Noch spannender wurde die Eckfelder Entdeckungsgeschichte, als Trierer Geologen 1980 im Pellenbachtal eine Forschungsbohrung bis auf 66,5 m Tiefe niederbrachten. Die erbohrten Ablagerungen beginnen an der Basis mit einer Folge vulkanischer Lockergesteine und gehen dann in eine etwa 35 m mächtige Serie sehr fein geschichteter Tonsteine (Laminite) über. Auch die obersten 15 m des erbohrten Profils bestehen aus Tonen und Sedimenten.

Dieses nüchterne Bohrprotokoll enthält eine ganze Reihe aufsehenerregender Neuigkeiten. Eine erste Sensation ist das vulkanische Lockergestein von der Bohrkernbasis – ein mächtiges Schichtpaket aus Aschen und Lapilli, wie man die kleinen Splitter aus Vulkanmaterial und Nebengestein nennt. Natürlich sind auch im Umkreis von Eckfeld oder Manderscheid vulkanische Zeugnisse keine Seltenheit, aber niemand hätte im stillen Waldtal des Pellenbaches einen verborgenen Vulkan vermutet. Die rundliche Talweitung, an der Nikolaus Pauly sein sogenanntes Braunkohlenvorkommen entdeckte, ist kein einfaches Kesseltal, wie man früher annahm. An seiner Entstehung hat nach Ausweis des Bohrprofils ganz sicher die feurige Unterwelt der Eifel kräftig mitgewirkt. Die Talweitung weist einen Durchmesser von etwa 400 m auf – genauso wie etliche Eifelmaare in unmittelbarer Nachbarschaft. Sollte der Eckfelder Braunkohlenabbau gar in einem neu entdeckten Maar stattgefunden haben?

Seit 1987 führen Wissenschaftler vom Naturhistorischen Museum Mainz (Landessammlung für Naturkunde Rheinland-Pfalz) im Eckfelder Maar Grabungen durch.

Tatsächlich sprechen alle Befunde und Beobachtungen dafür, daß auch in Eckfeld in nicht allzu großer Tiefe ein Rendezvous zwischen kaltem, versickerndem Oberflächenwasser und glühendheißem Gestein stattgefunden hat, so daß der augenblicklich freigesetzte Wasserdampf das Deckgebirge zertrümmerte und zum Maarkessel aussprengte. Ein Teil der Gesteinstrümmer, welche die Wasserdampfexplosion nach oben schleuderte, vermischte sich mit erstarrtem Magma und fiel wieder in den ausgesprengten Kessel zurück, wie die Materialzusammensetzung der untersten 15 m im Eckfelder Bohrprofil zeigt. Die radiometrische Datierung des Ausbruchs kommt auf ein Alter von knapp 50 Millionen Jahre, und auch das ist sensationell: Das Eckfelder Maar ist das mit Abstand älteste Eifelmaar – es ist rund 5000 mal älter als alle übrigen Maarbildungen.

Ein 50 Millionen Jahre alter, tertiärzeitlicher (mitteleozäner) Maarkessel kann verständlicherweise keine so frischen Formen aufweisen wie die vergleichsweise jungen Maare aus der Quartärzeit: Weil die Verwitterung von der ursprünglichen Maarform kaum etwas übrig ließ, wird verständlich, warum man die Talweitung am unteren Ausgang des Pellenbaches nicht schon viel früher als Maar erkannte.

Abflußlose Maarkessel füllen sich nach kurzer Zeit mit Wasser und werden zum Maarsee. So war es auch in Eckfeld, und das ist eine weitere Sensation: Die Bohrung im Eckfelder Maar hat den fossilen Boden eines Maarsees aus dem Frühtertiär durchteuft. Sie traf dessen unterste Ablagerungen bei 280 m über dem Meeresspiegel an. Da die heutige Landoberfläche um Eckfeld bei 450 m liegt, war der Maarkessel ursprünglich wohl 150 bis 200 m tief. Sein Maarsee könnte anfänglich wohl mindestens 50 Meter (wie die meisten heutigen wassergefüllten Maare), nach anderen Schätzungen sogar bis zu 150 m tief gewesen sein. Regenwasser schwemmte verwittertes Feinmaterial aus der Seeumgebung ein und füllte das Seebecken allmählich auf. Die besonders feine Schichtung des Sediments (Laminit) läßt erkennen, daß der Materialabsatz ziemlich regelmäßig erfolgte. Je Zentimeter Bohrkern lassen sich bis zu 34 Einzelschichten unterscheiden. Vielleicht spiegeln sich darin jahreszeitliche Ablagerungsraten wider. Lagenweise finden sich darin auch Diatomeen, die feinen, aus Kieselsäure bestehenden Schalen mikroskopisch kleiner Algen aus dem tertiären Maarsee. Diese Kieselalgen sind aber durchaus nicht die aufregendsten Fossilien. Ein großer Teil des Tonpakets besteht aus stark bituminösen, an organischen Stoffen sehr reichen Schichten. Dies sind die vermeintlichen „Braunkohlen“, die Nikolaus Pauly vor über 150 Jahren am Ufer des Pellenbaches fand. Sie erinnern sehr stark an die Ölschiefer der berühmten Grube Messel bei Darmstadt, mit denen sie fast altersgleich sind, und – das ist sicher die sensationellste Entdeckung – enthalten weit mehr Fossilien als die paar Blattbruchstücke und Früchte, die erste Forscher um 1850 aufsammelten.

Seit 1987 arbeitet ein Grabungsteam des Naturhistorischen Museums Mainz an der Fundstätte Eckfeld. Die Fachleute haben auf einer vergleichsweise kleinen Grabungsfläche eine unerwartete Fülle fossiler Pflanzen und Tiere geborgen – ihre bisherige Fundliste umfaßt weit über zehntausend Einzelstücke von außergewöhnlich guter Erhaltung. Eine Fülle von Blättern sind als dünne Kohlefilme erhalten, die alle wichtigen Feinheiten wie Blattnervatur und das Zellmuster der Oberflächengewebe erkennen lassen. Ulmen-, Walnuß- und Rosengewächse sind nachgewiesen worden, aber auch Pflanzenfamilien wie die Palmen, Lorbeer- und Teegewächse, deren heutige Nachfahren nur in den Subtropen vorkommen.

Fossile Pflanzengattungen, die man bisher nur aus Nordamerika kannte, sind in Eckfeld erstmals für Europa dokumentiert.

Blattfossilien aus dem frühen Tertiär sind auch von anderen Fundstätten bekannt, fossile Blüten sind jedoch extrem selten. Aus Eckfeld liegen unterdessen 150 Blütenfossilien vor, die selbst so winzige Details wie die Aufhängung der Pollensäcke an den Staubblättern oder die Anzahl der Narbenlappen in erstaunlicher Klarheit zeigen. Wenn dieser Schatz einmal vollständig ausgewertet ist, ergeben sich sicher auch neue Einsichten in die wechselseitige Entwicklung zwischen Blüten und ihren Bestäubern, denn Insekten, die im frühen Tertiär die Aufgaben der Blütenbe-

Zu den Fossilfunden aus Eckfeld gehören Knochenfische, die man der Verwandtschaft der Barsche zuordnet. Die einbettenden Sedimente haben die Umrisse des Fisches konturgenau bewahrt.

stäuber wahrnehmen konnten, sind unter den Eckfelder Fossilien ebenfalls recht häufig. Außer Fliegen und Hautflüglern sind zahlreiche Käfer gefunden worden, darunter auch Blattkäfer, deren Flügeldecken selbst nach rund 50 Millionen Jahren noch metallisch bunt schillern. Andere Fossilien zeigen Libellen, Schaben oder Köcherfliegen.

Schon anhand der Pflanzenfossilien und der aufgefundenen Wirbellosen kann man sich durchaus einen waldumsäumten See mit wimmelndem Leben am Uferrand und unter der Wasseroberfläche vorstellen. Zur Gewißheit wird dies angesichts der fossilen Reste mehrerer hundert Fische, darunter einem ziemlich zahlreich vertretenen Barschverwandten, der bisher nur von Eckfeld bekannt ist. Einige Panzerplatten weisen auf Schildkröten, ein paar Zähne und ein Kieferbruchstück ganz eindeutig auch auf Krokodile hin. Diese großen Reptilien sind nicht nur bemerkenswerte Eifeltiere früherer Epochen, sondern zugleich auch interessante Klimazeugen: Ihr Wohngewässer war wohl ein subtropischer Warmwassersee. Nach der Schichtmächtigkeit der erbohrten Tongesteine zu urteilen, muß er wohl über viele tausend Jahre bestanden haben.

In der fossilen Eckfelder Fauna sind schließlich neben den eigentlichen Wasserbewohnern auch einige Landwirbeltiere vertreten, die im früheren Maar ertrunken sind. Zu den gefunden Fossilien gehört der Flügel einer Fledermaus, bei dem ein Rasen fossiler Bakterien auf dem Gestein die Umrisse der Flughaut und sogar die Einzelheiten von deren feiner Behaarung nachzeichnet. Höchst beeindruckend ist der Fund eines vollständigen Skeletts des nur hundegroßen Urpferdes (Propalaeotherium), das in vielen Details deutlich besser erhalten ist als die weltberühmten Urpferdfunde aus der Grube Messel. Beim Eckfelder Exemplar handelt es sich um eine trächtige Stute. Völlig einzigartig ist schließlich der 1991 geborgene Fund eines

Eines der spektakulärsten Eckfelder Fundstücke ist ein fast vollständiger und vor allem unverformt erhaltener Urpferd-Schädelrest eines etwa hundegroßen Vorfahren unserer heutigen Reitpferde.

gänzlich unverformten Urpferdschädels, mit dessen Hilfe man den Kopf der Tiere erstmals exakt rekonstruieren kann. Alle anderen Urpferdfunde (aus der Grube Messel oder aus der etwa gleich alten Geiseltal-Braunkohle von Halle) sind bei der Einbettung und Umwandlung zum Fossil zu dünnen Filmen zusammengedrückt und entsprechend verändert worden.

Die Bergung der Eckfelder Fossilien ist außerordentlich schwierig. Sobald sich auf einer freigelegten Schichtfläche ein Abdruck oder Rest zeigt, muß er einer sehr aufwendigen Spezialpräparation unterzogen werden, ohne die das kostbare Material in kurzer Zeit zerreißen und zerbröseln würde. Privatsammler hätten da überhaupt keine Chance, abgesehen davon, daß sie nach den Regelungen des rheinland-pfälzischen Bodendenkmalgesetzes auch gar nicht auf eigene Suche gehen dürfen.

Es ist schon ein besonderer Glücksfall, daß uns gerade das älteste bekannte Eifelmaar einen ungewöhnlich vollständigen Einblick in Leben und Umwelt aus einem sehr begrenzten Zeithorizont des mittleren Eozäns überliefert hat. Diese Fossilfundstätte ist daher auch nicht beliebig austauschbar gegen andere Fundpunkte, weil sich nur aus dem (ohnehin sehr lückenhafte) Mosaik der europäischen Fundstellen ein genaueres Bild eines der spannendsten Abschnitte aus der Geschichte des Lebens gewinnen läßt. Als über dem Eckfelder Maar die Fledermäuse schwirrten und in den Wäldern der Maarumgebung die Urpferde weideten, befanden sich Säugetiere und Blütenpflanzen gerade erst am Beginn ihrer Entfaltung. Die wertvollen Eckfelder Fossilien wirken wie ein Standfoto aus einem langen Film, der den viele Jahrmillionen überspannenden Werdegang des Lebens vorführt – ein klares Bild in einer langen Szene, in der es sonst mehr Dunkelheit als Licht gibt.

S. 54/55:
Das Weinfelder Maar ist das höchstgelegene (432 m ü. NN) der Dauner Maare. Der Sage nach soll das Dorf Weinfeld darin untergegangen sein. In Wirklichkeit hat man das Dorf in der Pestzeit aufgegeben. Geblieben ist die alte Weinfelder Kirche und ein Dorffriedhof auf der östlichen Maarumwallung, dem das Totenmaar seinen Namen verdankt.

Die Augen der Eifel

Eine kleine Maarrevue

Die explosive Aussprengung der quartärzeitlichen Eifeler Maarkessel oder Maartrichter fand sicher in der ausgehenden letzten Eiszeit statt – die meisten Maare sind damit zwischen rund 20000 und 10000 Jahren alt. Nach historischen Maßstäben sind sie damit wesentlich älter als die gesamte in schriftlichen Zeugnissen überlieferte Menschheitsgeschichte, nach geologischen Maßstäben aber doch noch vergleichsweise jung. Mit einiger Gewißheit war der steinzeitliche Mensch Augen- und Ohrenzeuge dieser Ereignisse, denn aus dem Zeithorizont einiger Maarausbrüche kennen wir zahlreiche Dokumente von Jägern und Sammlern, die damals in Gruppen über das Land zogen, hier und da Lagerplätze einrichteten und diese wieder verließen, wenn die Lebensumstände sie dazu zwangen. Nirgendwo finden sich jedoch archäologische Hinweise darauf, daß der eiszeitliche Mensch auch unmittelbares Opfer der Maarausbrüche gewesen wäre. Vielleicht haben fast unmerkliche Anzeichen bevorstehender Eruptionen (beispielsweise Erdbeben) die Herden der Beutetiere so rechtzeitig gewarnt, daß sie aus der Region wegzogen und die Steinzeitmenschen veranlaßten, ihre Lagerplätze ebenfalls anderswo einzurichten. Vielleicht hatte sich auch die verhältnismäßig rasche Folge der Maarausbrüche so sehr in die Erinnerung der Menschen eingeprägt, daß sie die betroffene Gegend für lange Zeiten gemieden haben. Die Wasserdampfexplosion eines Maares ist ja durchaus nicht nur ein lokales Ereignis, sondern muß im weiten Umkreis von Dutzenden Kilometern bemerkbar gewesen sein, zumal bei den meisten Maaren wohl mehrere Eruptionen in kurzem Abstand erfolgten. In jedem Fall rissen die Maarexplosionen beachtliche Löcher in die späteiszeitliche Landschaft und verwüsteten deren Umgebung mit bodennah davonrasenden Eruptionswolken und Aschewürfen. Über die Jahrhunderte und Jahrtausende hinweg ist die zerfetzte Erdkruste im Bereich der Maare jedoch längst wieder verheilt, vom Pflanzenkleid überzogen und zu besonders interessanten Bestandteilen der Eifellandschaft geworden.

Weit über die Grenzen der Eifel hinaus sind die acht Maare bekannt, deren Kessel einen Maarsee aufweisen – neben dem Ulmener Maar sind es Gemündener Maar, Weinfelder Maar (Totenmaar), westliches Schalkenmehrener Maar, Immerather Maar, Pulvermaar, Holzmaar und Meerfelder Maar. Bei der Frage nach weiteren Maaren der Eifel wird man allerdings so manchen weit gewanderten Kenner der Region arg in Verlegenheit bringen. Vielleicht fallen ihm mit Dürrem Maar und Strohner Maarchen, Dreiser Weiher und Mürmeswiese, Immerather Risch oder Mosbrucher Maar noch ein paar sogenannte Trockenmaare ein, aber dann gerät die Aufzählung meist ins Stocken. Der Rest der annähernd 50 Eifelmaare ist weithin unbekannt. Auch die Geologen gingen bis vor einigen Jahren von einem wesentlich kleineren Maarkatalog aus. Erst die jüngere Forschung hat die Maarliste um etliche

Das Duppacher Maar ist ein Trockenmaar, dessen tellerebener Maarboden heute Ackerfluren und Dauergrünland trägt.

Namen erweitert (vgl. S. 92). Wir beschränken unsere kleine Maarrevue hier auf besonders markante Maarkessel, die in der Landschaft sehr auffallend und größtenteils schon lange bekannt sind.

Duppacher Weiher

Die Straße von Duppach nach Kalenborn quert den Kessel dieses Trockenmaares, das als Ausweitung des Oosbachtales entstand und bereits im Buntsandstein liegt. Auf dem Maarboden am Oosbach liegt die alte Weihermühle. Die umliegenden Feucht- und Naßwiesen sind schon seit langer Zeit entwässert, so daß nur noch der Flurname Weiher an das frühere Feuchtgebiet erinnert. So gilt dieses Maar mit seinen in der Landschaft so klar erkennbaren Formen als Beispiel für einen landwirtschaftlich genutzten Maarkessel. Nur rund 5 km entfernt sind das Dehner Maar und das Schönfelder Maar, die beiden am weitesten nach Nordwesten vorgeschobenen Maarkessel des Westeifeler Vulkanfeldes.

Walsdorfer Maar

Unmittelbar südlich von Walsdorf liegt dieses Maar in einem länglich-ovalen Kesseltal. Den Maarboden überragt der 614 m hohe Goßberg, ein sehr eindrucksvoller Schichtvulkan aus basaltischen Schlacken, Schweißschlacken, Tuffen, Basaltgängen und Basaltlavaströmen. Nur 2 km entfernt liegt der über 500 m hohe Arensberg, ein tertiärzeitlicher und von Tuff ummantelter Basaltkegel, der vor allem wegen seiner reichen Mineralvorkommen sehr bekannt geworden ist. Die Umgebung von Walsdorf ist ein sehr schönes Beispiel für die enge räumliche Verzahnung von tertiär- und quartärzeitlichem Eifelvulkanismus.

Dreiser Weiher

Nach dem Meerfelder Maar ist der Dreiser Weiher mit einem Durchmesser von 1350 x 1200 m der zweitgrößte Maarkessel der Eifel. Er entstand im Ahbachtal. In seinen Aschen finden sich relativ häufig faustgroße Olivinbomben. Der größte Höhenunterschied der Maarumwallung beträgt 120 m. Im Maarbecken liegen metermächtige Torfablagerungen, aber schon lange wird der Maarkessel von mehreren Gräben entwässert. Kohlendioxid- und Mineralwasserquellen im Maarkessel werden technisch genutzt. Zeitweilig hatte man hier einen größeren Fischteich angestaut, der aber schon zu Beginn des vorigen Jahrhunderts wieder aufgegeben wurde. Um den Maarrand führt ein Wanderweg, der Aussblicke auf die gesamte Umgebung bietet. Der bewaldete Döhmberg westlich des Maarkessels ist ein basaltischer Schlackenvulkan.

Gemündener Maar

Am nördlichen Rand der Dauner Maargruppe liegt der Maarsee des Gemündener Maares, dessen Maarboden nur 60 m tie-

Nahezu kreisrund ist das besonders steilwandige Gemündener Maar. Beim kleinsten der Dauner Maare hat man in den letzten Jahren aufwendige Maßnahmen zur Verbesserung der Wasserqualität durchgeführt.

fer liegt als beim knapp einen Kilometer entfernten Weinfelder Maar. Alle acht Jahre tauscht sich die Wasserfüllung von rund 1,38 Millionen m³ durch Niederschlag und Verdunstung einmal aus. Wegen seiner windgeschützten Lage im steilwandigen, tiefen und rundum bewaldeten Maarkessel kommt keine vollständige Durchmischung des Wasserkörpers zustande, so daß die Tiefenschicht kaum am Stoffaustausch mit der Oberfläche teilnehmen kann. Durch Nährstoffanreicherung und Faulschlammbildung hatte sich die Wasserqualität in den zurückliegenden Jahren sehr verschlechtert. Ein schattiger Uferwanderweg lädt zur Umrundung des Maares ein.

Weinfelder Maar

Das höchstgelegene der Dauner Maare nennt man nach der einsam auf dem Maarwall gelegenen Kirche mit Friedhof auch Totenmaar. Es ist das jüngste in der Dauner Maargruppe und mit 51 m fast ebenso tief wie der ungleich größere Laacher See. Die Maarumwallung ist die Wasserscheide für das Einzugsgebiet dieses Maarsees, der sonst keinen erkennbaren Zu- oder Ablauf hat. Fünfzig Jahre dauert es daher, bis sich die Wasserfüllung von etwa 4,3 Millionen m³ erneuert hat. Der schönste Blick auf dieses stille und etwas melancholische Maar bietet sich von der alten Kirche oder vom Parkplatz, von dem aus man auch gleichzeitig das tief gelegene Schalkenmehrener Maar übersehen kann. Ein sehr schmaler Fußweg führt unmittelbar am Ufer entlang. An seiner Westseite kommt man am Pilatusfelsen vorbei, einem kleinen Schichtstoß aus Gesteinen des Unterdevons (Unterems-Stufe). Nach einer alten Eifellegende soll sich Pilatus hier in das Maar gestürzt haben. Unbedingt zu empfehlen ist der Aufstieg auf den 560 m hohen Mäuseberg über dem Westufer des Maars – vom Dronketurm (Aussichtsturm) bietet sich ein überwältigender Blick in die Kessel aller drei Dauner Maarseen.

Die übereinanderliegenden Auswurfmassen vom westlichen Schalkenmehrener Maar (etwa 11 000 Jahre alt), Gemündener Maar (Alter rund 10 750 Jahre) und Weinfelder Maar (Ausbruch vor ca. 10 500 Jahren) sind in einer Tuffgrube an der Straße nordwestlich der Weinfelder Kirche aufgeschlossen.

Schalkenmehrener Maare

Der Maarboden dieses etwa 11 m tiefen Maarsees liegt bei ungefähr 400 m über NN und damit nur etwa 30 m tiefer als beim benachbarten Weinfelder Maar; der Wasserspiegel dagegen um 65 m tiefer. Der Gesteinssteg aus devonischem Schiefer, der beide Maare trennt , ist tatsächlich nur 410 m breit und trotz der Wucht der Maarexplosion nach Augenschein unversehrt. Die relativ geringe Tiefe der Maarkessel läßt den Schluß zu, daß die maarbildende Wasserdampfexplosion in geringer Tiefe stattfand. Wenn man vom Parkplatz in den Kessel mit der knapp 22 Hektar großen Wasserfläche hinabschaut, erkennt man links im Hintergrund den älteren, jetzt vermoorten Maarkessel: Die beiden Schalkenmehrener Maarkessel sind das eindrucksvollste Eifeler Beispiel für ein achtförmiges, von Südost nach Nordwest erstrecktes Doppelmaar ungleichen Alters. Der jüngere Maarausbruch hat den Kessel des älteren mit seinen Aschenwürfen so

S. 60/61:
Eine der großartigsten landschaftlichen Szenerien der westlichen Vulkaneifel ist das Schalkenmehrener Doppelmaar mit seiner Umgebung. Das Dorf Schalkenmehren liegt am Südwestufer des wassergefüllten jüngeren (westlichen) Maarkessels. Der ältere (östliche) Maarkessel liegt im Hintergrund links. Er wurde beim Ausbruch des jüngeren Maares teilweise verfüllt und ist heute vermoort.

weit zugeschüttet, daß hier die Verlandung und Vermoorung rascher ablaufen konnte. Auf den uferparallelen Flurwegen kann man die beiden unter Naturschutz stehenden Maare in bequemer Wanderung umrunden.
Neben dem Immerather Risch, dem Ulmener und dem Meerfelder Maar ist der Schalkenmehrener Maarkessel übrigens einer der wenigen, in dem sich eine dörfliche Siedlung entwickelt hat.

Mürmes

Südöstlich von Schalkenmehren liegt der etwa 2000 x 1200 m große Maarkessel der Mürmes. Er bildet mit den drei wassergefüllten Dauner Maaren eine recht genau von Südost nach Nordwest ausgerichtete Maarreihe mit der gleichen Orientierung wie das gesamte Westeifeler Vulkanfeld. Der Mürmes, auch Mürmeswiese oder Mürmesweiher (früher einmal angestaut) genannt, ist eines der besonders wertvollen Naturschutzgebiete innerhalb der Eifelmaare (vgl. S. 68). Bis zur Jahrhundertwende hat man hier auch Torf für Heizzwecke gestochen. Zum Teil sind die alten Torfstiche im Gelände noch zu sehen. Dieses Naturschutzgebiet sollte man jedoch mit Rücksicht auf seine seltene Pflanzen- und Tierwelt nicht betreten – mit einem guten Fernglas kann man selbst aus der Distanz eine Menge interessanter Dinge erkennen.

Pulvermaar

Seinen Namen hat dieser mit 36 Hektar Wasserfläche größte Maarsee der Eifel von den pulverfeinen Tuffen an seinem Südufer. Der See ist mit 71 m Tiefe Deutschlands tiefstes Binnengewässer außerhalb der Alpen. Bis vor dem Zweiten Weltkrieg

Das kreisrunde Pulvermaar gehört zur Gillenfelder Maargruppe und ist der größte Maarsee der Eifel. Ein prächtiger Rotbuchenwald stockt auf der Maarumwallung.

Südlich vom Pulvermaar liegt das Strohner Maarchen – kein richtiges Maar im geologischen Sinne, aber ein einzigartiger und unbedingt schützenswerter Lebensraum .

betrug die Wassertiefe sogar 74 m, doch haben militärische Versuche mit Unterwasserminen die Maarumwallung undicht werden lassen. Die Wasserfüllung des fast kreisrunden Maares beträgt rund 13 Millionen m³, größter und kleinster Durchmesser sind 675 bzw. 650 m. Über 100 m Höhendifferenz trennen den Wasserspiegel von der dicht bewaldeten Maarumwallung.

Das gesamte Maar kann man auf einem bequemen Uferweg umrunden. Am Südufer ist schaumige Basaltlava in die ungewöhnlich pulverfeinen Tuffe eingedrungen, die den Maarkessel auf der Innenflanke überschichten.

Strohner Maar (chen)

Genau südlich des Pulvermaares liegt mitten in der Feldflur eine länglich-ovale, verhältnismäßig kleine Senke, die man als maarähnlichen Schlackenvulkan auffaßt, weil hier im Gegensatz zu einem vulkanologisch echten Maar Basaltschlacken gefördert wurden. Sein Schlot lag so schräg, daß sich kein Schlackenkegel aufbauen konnte, sondern nur der halbkreisförmige Schlackenwall des nahen waldbestockten Römerberges. Nicht nur wegen seiner ungewöhnlichen Form und Abmessung ist dieser Vulkan ein besonders wertvolles Maar: Es enthält eines der wenigen noch wachsenden Hochmoore der Eifel.

Zusammen mit dem Ellscheider Trockenmaar, dem Pulvermaar, dem benachbarten Römerberg, dem (durch Abbau weitgehend zerstörten) Wartgesberg und dem Sprinker Trockenmaar bildet er eine höchst eindrucksvolle Vulkanreihe, deren Maarkessel man auch als Gillenfelder Gruppe zusammenfaßt.

Immerather Risch

Das hübsche Dorf Immerath liegt an den südlichen bzw. südwestlichen Hängen eines längs-ovalen, 900 x 1750 m messenden Maarkessels, der offenbar schon vor sehr langer Zeit entwässert wurde. Ungefähr im Zentrum des Maarbeckens liegt unter der Ackerkrume eine vielleicht nur meterdicke Torfschicht, die anzeigt, daß sich in der Nacheiszeit auch hier einmal ein Maarmoor entwickelt hatte.

Immerather Maar

Lange vor den Dauner Maaren entstand in einem sehr tief eingeschnittenen Seitental des Ueßbaches, nur knapp einen Kilometer südlich vom länglichen Immerather Risch, das beinahe kreisrunde Immerather oder Strotzbüscher Maar. Sein See ist allerdings bohnenförmig, weil der Oberlauf des zuführenden Baches den Maarboden mit eingeschwemmten Aschen aufgefüllt hat. Um 1750 hatte man den Maarsee zur Gewinnung von Nutzfläche abgelassen. Die älteste Karte der Gegend von 1813 verzeichnet für den Maarkessel nur ausgedehntes Wiesengelände.

Während des Ersten Weltkriegs verfiel der Abzugsgraben, so daß sich nachfolgend wieder ein eindrucksvoller Maarsee mit reichem Wasserleben anstauen konnte.

Holzmaar

Zwischen Eckfeld und Gillenfeld liegt der kleine und flache Aussprengtrichter des Holzmaares, welches ein Quellarm des Sammetbaches durchfließt. Das Holzmaar ist jünger als Pulvermaar und Dürres Maar.

Das ungefähr 7 Hektar große Holzmaar zwischen den Eifelgemeinden Gillenfeld und Eckfeld zeigt an seinem Südufer eine breite Verlandungszone mit wertvollen Pflanzengesellschaften. Ein Uferrundweg lädt zur beschaulichen Wanderung ein.

Es entstand erst nach der letzten Eiszeit. Den Maarabfluß hat man schon vor langer Zeit mit einem Wehr verschlossen, so daß sich sein Wasserspiegel deutlich angestaut hat – das Maar diente früher als Mühlteich und Vorrat von Aufschlagwasser für die südlich gelegene Holzmühle. Ein ausgeprägter Uferröhricht fehlt hier. Dafür fallen zur Blütezeit im Frühsommer die sehr großflächig vorhandenen Bestände des weißblütigen Wasser-Hahnenfußes auf. Das Maar ist seit einigen Jahren Naturschutzgebiet.

Nur 400 m nordwestlich des Holzmaares liegt das Dürre Maar. Sein Maarkessel ist längst verlandet und enthält ein außerordentlich wertvolles Hochmoor. Das uhrglasförmig aufgewölbte Maarmoor umgibt ein Wasserring (Lagg).

Dürres Maar

In enger Nachbarschaft zum Holzmaar liegt ein Maarkessel von annähernd kreisrundem Grundriß mit knapp 400 m Durchmesser. Ähnlich wie im Strohner Maarchen wächst auch hier ein aufgewölbtes Hochmoor mit typischem Randsumpf, der die Form des Maarkessels liniengenau nachzeichnet, wenn er nach regenreichen Sommern oder nach der Schneeschmelze im Frühjahr mit Wasser gefüllt ist. Sonst kann man ihn nur an seinem abweichenden Bewuchs erkennen. In alten Flurkarten taucht dieser Kessel unter der Bezeichnung Torfmaar auf. Das Maar steht unter Naturschutz und bedarf der besonderen Rücksichtnahme, weil hier sehr störempfindliche Pflanzen- und Tiergemeinschaften leben (vgl. S. 78). Der Weg zum Maarrand, von wo man die gesamte Fläche überblicken kann, führt durch einen schönen Buchenhochwald.

Hitsche

Nur 150 Meter nordwestlich vom Dürren Maar liegt die Hitsche oder Hütsche – eine

Das Ulmener Maar an der Ostseite des Dorfes Ulmen ist eine der kleineren wassergefüllten Hohlformen der Westeifel. Zusammen mit dem weitaus großflächigeren Ulmener Weiher bildet das Maar ein vogelkundlich besonders bedeutsames Naturschutzgebiet.

rundliche, mit Seggen und Simsen bewachsene Senke inmitten von Grünland und Äckern, aber besonders erwähnenswert, weil sie das kleinste Eifelmaar ist: Der Durchmesser beträgt nur etwa 60 m. Holzmaar, Dürres Maar und Hitsche liegen genau auf einer von Südost nach Nordwest verlaufenden Linie, und innerhalb dieser Maargruppe ist die Hitsche der älteste Ausbruchspunkt.

Meerfelder Maar

Besonders auf Luftaufnahmen ist die annähernd kreisrunde Form dieses größten Maarkessels der Eifel gut zu erkennen. Die steile Umwallung ragt rund 200 m über dem Maarboden auf und bestimmt damit höchst beeindruckend das Raumbild der Landschaft. Vom benachbarten Mosenberg, dessen südost-nordwestlich ausgerichtete Kette mit vier Einzelvulkanen direkt auf das Meerfelder Maar weist, schaut man direkt auf die Oberkante der Maarumwallung und gewinnt somit eine unmittelbare Vorstellung von der Größe des Maarkessels (1500 x 1200 m), der vor mehr als 13 000 Jahren im Meerbachtal entstand. Der 24 Hektar große Maarsee ist allerdings nur noch ein Restgewässer, denn zwischen 1877 und 1880 hat man seinen Wasserspiegel gesenkt, um auf dem Maarboden Flächen für Wirtschaftsgrünland hinzuzugewinnen – ein Eingriff, der damals als besondere Leistung gefeiert und sogar mit einem Denkmal bedacht wurde. Vor ein paar Jahren hat man jedoch eine erneute Anstauung vorgenommen, um vor allem die am Südufer sehr schön entwickelte Röhrichtzone mit ihrem reichen Vogelbesatz zu erhalten und zu fördern. Das gesamte Maar ist Naturschutzgebiet. Unbedingt empfehlenswert ist eine Wanderung über die nördliche Maarumwallung, die prächtige Ansichten des Kessels, des Maarsees mit seinen Pflanzenbeständen (unter anderem auch Seerosen) und des knapp ein Kilometer entfernten Mosenberges bietet.

Ulmener Maar

Etwas außerhalb des Hauptverbreitungsgebietes der übrigen Eifelmaare liegt in einer abwechslungsreichen Kulturlandschaft das Ulmener Maar, über dessen mächtigen Tuffwall heute die Autobahn führt. Das Dorf Ulmen liegt teilweise im Maarkessel. Unterhalb der Ulmener Burgruine hat man schon im Mittelalter den Maarwall mit einem Stollen durchstoßen, um das Dorf vor Hochwasser zu schützen und eine Wassermühle zu betreiben, die jedoch sehr unrentabel blieb. Echolotungen haben ergeben, daß sich auf dem Boden dieses Maares ein etwa drei Meter hoher Zentralkegel erhebt. Der Ausbruch des Ulmener Maares ist deutlich jünger als der Laacher See-Ausbruch, denn unter den Ulmener Maartuffen liegt Laacher Bims. Bei einem Besuch des Ulmener Maares sollte man unbedingt ein tüchtiges Fernglas mitnehmen, denn der benachbarte eingezäunte Jungferweiher, der sich in einem flachen Tal angestaut hat, ist ein einzigartiges Vogelparadies, in dem man praktisch zu allen Jahreszeiten interessante Arten beobachten kann (vgl. S. 33).

Der Mosbrucher Weiher ist mit einem Durchmesser von etwa 1400 x 1000 m das zweitgrößte Maarbecken der Westeifel. Kernstück des Trockenmaares ist ein mit verschiedenen Strauch- und Baumweiden bestandenes Bruch.

Mosbrucher Maar

Genau zu Füßen des tertiärzeitlichen Vulkankomplexes des Hochkelbergs, der zum älteren Vulkanismus der Hocheifel gehört, liegt das Mosbrucher Maar (Mosbrucher Weiher) – ein Beispiel für die manchmal sehr enge räumliche Verzahnung der verschiedenen Vulkanepochen der Eifel. Bis zur Mitte des vorigen Jahrhunderts befand sich im Maarkessel ein größeres Gewässer, das man später abgelassen hat, um im östlichen Kesselteil Torf zu stechen. Über den wiedervernäßten alten Torfstichen hat sich längst ein sehr dichtes Weidenbruch mit interessanten Pflanzen- und Tierarten entwickelt. Die Hänge des Maarkessels werden landwirtschaftlich genutzt.

Booser Maare

Die beiden Booser Maare, ein interessantes Doppelmaar ähnlich wie bei Schalkenmehren, sind die am weitesten nach Osten gegen das junge Vulkanfeld der Osteifel vorgeschobenen Maarvulkane. Wie Aufschlüsse an der Straße von Kelberg nach Mayen zeigen, hat die Maareruption reichlich Tuffe ausgeworfen. Das westliche Booser Maar hat sogar einen tertiärzeitlichen Basaltschlot angeschnitten. Durch den Kessel dieses Maares führt die Straße von Boos nach Welcherath. Seit einiger Zeit ist hier ein Fischteich angestaut, der einige interessante Pflanzenarten aufweist. In unmittelbarer Nachbarschaft liegt das östliche Booser Maar. Sein Maarkessel ist heute landwirtschaftliche Nutzfläche.

Maare und Moore

Reiches Leben in kalten Vulkanen

Kurz nach der Aussprengung, die sicher mit heftigem Beben der Erdkruste einherging, waren die Maarkessel noch „wüst und leer". Die klimatischen Verhältnisse zur Entstehungszeit der meisten Maare, der allmählich ausklingenden letzten Eiszeit, ließen zunächst noch keine schützende, überkleidende Pflanzendecke zu. Erst nach und nach entwickelte sich über viele Jahrhunderte und Jahrtausende hinweg die mitteleuropäische Pflanzenwelt zu den landschaftlichen Szenarien, wie wir sie heute in der Eifel vorfinden. So siedelten sich die Pflanzen auch in den Maarkesseln im Gleichklang mit der übrigen Vegetation an. In Maare, die in Tälern liegen und deswegen trocken blieben, zog allmählich der Wald ein, während sich die abflußlosen Becken mit Wasser füllten und zu Seen mit vielgliedrigen Lebensgemeinschaften wurden. Manchmal entwickelten sich aus den Maarseen auch Moore, so daß wir neben den Trockenmaaren zwei Typen Feuchtmaare, nämlich Maarseen und Maarmoore, zu unterscheiden haben.

Die Maarmoore sind außerordentlich wertvolle Lebensräume. Nur spezialisierte Pflanzenarten, darunter vor allem verschiedene Seggen-Arten, ertragen die ständige Staunässe ihres Standortes. Manche von ihnen bilden eindrucksvolle Horste oder Bulten. Wie Miniaturinseln überragen sie die Wasserfläche.

Wald- und Feldmaare

Als der Mensch die vorgefundene Naturlandschaft eroberte, sie zu kultivieren begann und mit Äckern, Feldern, Wiesen und Siedlungen überzog, lockerte er auch den Wald zunehmend in einzelne kleinere Flecken auf. Waldbedeckung blieb im wesentlichen nur dort erhalten, wo die Bodeneigenschaften oder die Höhenlage keine andere Form der landwirtschaftlichen Nutzung zuließen.

Eine Reihe von Maaren liegt heute noch (oder nach Begründung einer geregelten Forstbewirtschaftung wieder) in der geschlossenen Waldbestockung.
Pulvermaar, Holzmaar oder Gemündener Maar umgibt rundum ein fast geschlossener Gürtel aus dichtem Wald, der größtenteils aus Buchen-Hochwald mit unterschiedlichen Anteilen von eintönigem Nadelforst besteht. Andere Maare, darunter die

Die zauberhaften Farbstimmungen der Maarseen haben schon Generationen von Malern begeistert. Kein Maar wurde öfter auf der Leinwand festgehalten als das einsam gelegene Weinfelder Maar

Hänge der Schalkenmehrener Maare und des Weinfelder Maares, sind dagegen sehr stark verbuscht. Die Hänge der meisten ursprünglich waldbestandenen Trockenmaare sind jetzt landwirtschaftliche Fluren. Sie tragen entweder intensiv genutztes Grünland oder – wo die Maarhänge sanfter einfallen – auch Getreide- oder Hackfruchtäcker.

Frühere Fotografien, darunter vor allem Aufnahmen aus der Zeit um die Jahrhundertwende, zeigen beispielsweise das Weinfelder Maar noch weitgehend kahl, und auch die alte Weinfelder Kirche steht noch ohne ihre heute so bezeichnende Kulisse aus hochwüchsigen Bäumen da. Noch viel eindrucksvoller hat der Eifelmaler Fritz von Wille (1860 – 1941) diesen Land-

schaftseindruck auf seinen vielen Gemälden herausgearbeitet. Besonders das Weinfelder Maar hat der Maler seit 1905 vielfach dargestellt und gerade damit seinen bedeutenden Ruf als Landschaftsmaler der Eifel begründet. Eine seiner frühesten Maardarstellungen zeigt den Blick vom Westufer auf die einsam gelegene Kirche über äußerst spärlich bewachsenen Hängen, die sich im trüb graublauen Wasser des Maarsees spiegeln. Der mit schweren Regenwolken behangene Himmel schafft eine fast schon bedrückende Stimmung. Wenige, sehr gedämpfte Farben halten die eigenartige, fast etwas karg anmutende Atmosphäre dieses für die südwestliche Eifel so markanten Landschaftsausschnitts ungemein ansprechend und realistisch

Die nährstoffarmen Vulkanböden der Eifel ließen früher keine ertragreiche Landwirtschaft zu. Schafbeweidung förderte die Entwicklung weitflächiger Wacholderheiden. Heute sind davon (beispielsweise im Gebiet der Hohen Acht) nur noch Reste vorhanden.

fest. Die ungefähr zwischen 1880 und 1920 entstandenen Maarbilder sind – einmal abgesehen von ihrem künstlerischen Wert – bemerkenswerte Dokumente vom Aussehen der Maarlandschaft, die eindrucksvoll belegen, wie sehr sich die Kulturlandschaft einer an sich nicht sehr begüterten Mittelgebirgsregion innerhalb weniger Jahrzehnte verändert.

Auf vielen Bildern zeigt Fritz von Wille die Umrandung des Weinfelder und einiger weiterer Maare bestanden mit blühendem Besenginster. Dieser immergrüne, oft einfach nur Ginster genannte Strauch ist fast während des ganzen Jahres unauffällig und ziemlich düster. Aber zur frühsommerlichen Blütezeit verändert er das Gesicht der Landschaft und überzieht Hänge und Raine mit seinem berühmten, hellgelb strahlenden Eifelgold.

Der nicht einmal besonders frostbeständige Besenginster, der in harten Wintern stark zurückfriert und dann völlig grauschwarz ausschaut, ist ein zuverlässiger Säureanzeiger. In der Kalkeifel kommt er nicht vor. Für die Magerböden der Vulkaneifel und andere saure Verwitterungsböden ist er jedoch außerordentlich kennzeichnend. Seine landschaftsprägende Flächendominanz verdankt er der besonderen Wirtschaftsgeschichte der Vulkaneifel. Bis weit in unser Jahrhundert hinein war die Schafhaltung einer der wichtigsten Erwerbszweige in den Eifeler Hochlagen. Viele Schafherden zogen über die Hänge der Maarkessel und verhinderten mit ständigem Verbiß, daß sich hier saftige Strauch- oder Baumgehölze ansiedeln konnten. Den Besenginster mit seinen zähen, lederigen Rutenästen verschmähten die hungrigen Weidetiere und verhalfen ihm zu ungeahnten Verbreitungserfolgen. Er konnte sich viele Standorte auf lange Zeit sichern, zumal er sonst, vom Besenbinden einmal abgesehen, kaum als Nutzholz verwendet wurde.

Noch ein zweites heimisches Gehölz ist weitgehend verbißfest und konnte damit dem Beweidungsdruck durch die hungrigen Eifeler Schafe oder Ziegen standhalten

– der Wacholder, dessen scharfspitzige, in Dreierwirteln angeordnete Nadelblätter der Eifelverein in seinem Emblem führt. Wo die Schafherden nachhaltig die Verbuschung von Weideflächen verhinderten, konnte sich der enorm lichthungrige Wacholder weithin ausbreiten und prächtige Strauchheiden aufbauen. Im heutigen Bewuchsbild der Maare fehlt dieses ausgesprochen nützliche und interessante Nadelholz. Aber zwischen Daun und Manderscheid oder mehrfach auch in der Umrandung des Hohe-Acht-Berglandes blieben durch gezielte Pflegemaßnahmen höchst eindrucksvolle Wacholderbestände als wirtschaftsgeschichtliche Zeugnisse erhalten. Solche Heidestücke, auf denen sich gewöhnlich auch recht üppige Fluren mit der lilaviolett blühenden Besenheide und ein paar weiteren Zwergsträuchern einstellten, finden sich ebenfalls auf Gemälden Fritz von Willes und einiger anderer Landschaftsmaler der Eifel, darunter vor allem im Werk von Otto Cornelius. Lange Zeit machten sie den eigenwillig herben Reiz der einen oder anderen Eifeler Teillandschaft aus, ehe umfangreiche Aufforstungsprogramme und die Intensivierung der Landwirtschaft mit moderneren Methoden sie vor wenigen Jahrzehnten wieder anderen Nutzungen zuführte.

„Ich weiß mit der Feder nicht zu sagen, das nicht Wille mit dem Pinsel ausgedrückt hätte", schrieb die Eifeldichterin Clara Viebig 1909 über den schon damals bekanntesten Eifelmaler. Und weiter: „Wir sind durch die Eifel gewandert, beide mit denselben Augen, die Liebe zum Lande geöffnet hatte; uns gab ein Gott ins Herz, die Schönheit dieser Welt zu erkennen: welche Fülle in dieser Armut, welche Pracht in dieser Bescheidenheit, welche Poesie in dieser Öde."

Wasser im Kessel

Wo die ausgesprengten Maarkessel abflußlos blieben und sich schon kurz nach

Die Zeit des ekstatischen Blühens ist vorbei. Fahle Farben zieren im Spätsommer den Rand des Walsdorfer Trockenmaares.

Artenreiche, aber auch extrem trittempfindliche Pflanzen besiedeln die schlammigen Randzonen mancher Maarmoore. Die Ufertümpel schwinden in trockenen Sommern bis auf wenige kleinflächige Lachen.

der Entstehung mit Wasser füllten, stellte sich bald reiches Leben am und im Wasser ein.

Das anfangs noch völlig tote, weil in wahrhaft höllischen Szenarien entstandene Maar entwickelte sich in verhältnismäßig kurzer Zeit zum lebendigen Maarsee. Vermutlich haben die Maargewässer kurz nach ihrer Entstehung ausgesehen wie die heutigen kleineren Seen in Island oder Nordfinnland – wegen des damaligen Klimas wohl insgesamt recht kühl, aber in der kurzen Wärmeperiode des nacheiszeitlichen Sommers dennoch artenreich bestückt. Ziehende Vögel schleppten allerhand Klein- und Kleinstorganismen in die Seen ein. Insekten mit wasserlebenden Larven suchten die Gewässer aktiv auf und rundeten das Besiedlungsbild ab. Bis heute kommt in den wasserführenden Eifelmaaren eine Fülle von Lebewesen vor, von denen viele so klein sind, daß man sie mit bloßem Auge nicht mehr erkennt. Wir müssen sie hier, so faszinierend sie auch sind, übergehen.

Seen werden und reifen über Jahrzehnte, Jahrhunderte oder Jahrtausende zu vielgliedrigen Lebensgemeinschaften. Sie vergehen aber auch wieder. Eingeschwemmte Bodenteilchen, welche die Sturzbäche der Niederschläge in das Maarbecken verschleppen, füllen den Gewässergrund allmählich auf. Die Ufer werden seichter und damit besonders einladend gerade für solche Pflanzenarten, die zwar Staunässe im Wurzelbereich, aber keine hohen Wasserstände ertragen. Vom trittfesten Ufer bis zum freien Wasser mancher Maarseen wechseln sich verschiedene Pflanzengürtel in charakteristischer Folge ab. Am flach einfallenden Uferrand sind es die hochwüchsigen, oft sogar mannshohen Arten der Röhrichte, während zur tieferen Gewässermitte hin die Pflanzenarten kleiner sind, sich schließlich auf handgroße Schwimmblätter beschränken oder gänzlich auf Tauchstation gehen. Mit der Zeit schieben sich die verschiedenen Pflanzengürtel immer mehr zur Seemitte vor, wobei sich die freie Wasserfläche allmählich wie eine Irisblende zuzieht: Das Maar verlandet.

Je nach Ausgangsgröße und Beckengestalt eines Maares nimmt dieser Vorgang viele Jahrtausende in Anspruch. Beim östlichen Schalkenmehrener Maar oder bei den Booser Maaren ist die Verlandung so weit fortgeschritten, daß längst keine offene Was-

Zwischen Ellscheid und Saxler liegt der Mürmes (Mürmeswiese). Die Wasserflächen innerhalb dieses Niedermoores entstanden durch Torfstechen. Das wertvolle Naturschutzgebiet ist die Heimat vieler seltener Arten.

Sattgelbe Sumpf-Dotterblumen bringen im Frühjahr die erste auffällige Blühwelle in den Feuchtbiotopen der Maarkessel zuwege.

serfläche mehr blieb. Beim Holzmaar oder in Teilen des Meerfelder Maares läuft dieser Prozeß gegenwärtig ab.

In den nährstoffreichen Feuchtmaaren mit flach einfallenden Ufern wachsen besonders schöne und üppige Pflanzenbestände. Die unmittelbare Uferzone, der Seggengürtel, präsentiert uns gleich mehrere Arten von Sauergräsern, besonders häufig die hübsche Schnabel-Segge, dann aber auch die in dichten Horsten wachsende Faden-Segge, die Scharfe- oder die Braune Segge. In diesem Pflanzengürtel kommen auch der seltene Sumpf-Schachtelhalm, die herrlich duftende Wasser-Minze und der Blutweiderich vor. Vom Weg aus erkennt man im östlichen Schalkenmehrener Maar, das wegen seiner tiefen Schlammlöcher sehr gefährlich ist, auch die großen Bulten der Steifen Segge, größere Bestände des Sumpffarns und das blaßviolett blühende Sumpf-Veilchen. Auch die extrem seltene Schlangenwurz soll hier vorgekommen sein.

Außer den krautigen Pflanzen vertragen etliche spezialisierte Gehölze die stauende Nässe im Maarboden sehr gut. Gerade im östlichen Schalkenmehrener Maar, aber auch im Mosbrucher Maar findet sich eine fast unüberschaubare Fülle verschiedener

Die kleineren und größeren Schilfwäldchen an den Flachufern der nährstoffreicheren Maare sind eines der wenigen Beispiele von Pflanzengesellschaften, in denen eine einzige Pflanzenart dominiert. Dagegen findet sich hier eine überraschend artenreiche Tierwelt ein. Im Frühsommer nisten und brüten hier verschiedene Rohrsänger und die Rohrammer.

Weiden-Arten (Sal-, Silber-, Ohr-, Grau-Weide), dazu auch die Schwarz-Erle und Pappel-Bastarde.

Zur offenen Wasserfläche des westlichen Schalkenmehrener Maares schließt sich ein breiter, aus Naturschutzgründen abgesperrter Hochröhricht an, in dem das stattliche Schilfrohr dominiert. Nicht mehr vorhanden ist der Schmalblättrige Rohrkolben. Dagegen kommt hier und auch am Meerfelder Maar der ähnlich aussehende Breitblättrige Rohrkolben vor. Sumpf-Dotterblume und Gelbe Schwertlilie setzen mit ihren sattgelben Blüten auffällige Farbtupfer in die Verlandungszone, in der sonst nur bräunlich-grüne oder graugrüne Farbtöne vorherrschen. Alle Pflanzen der Röhrichtzone sind geschützt, weil die Feuchtmaare Naturschutzgebiete sind und die Pflanzengürtel eine besondere Bedeutung als Lebensraum gefährdeter Arten (unter anderem für Libellen, Wasserkäfer und zahlreiche Vogelarten) haben.

Vor den Schilfgürtel kann sich (beispielsweise im Mosbrucher Maar, in den beiden Booser Maaren, am Meerfelder Maar und in der Mürmes) ein Binsengürtel schieben, in dem neben der sehr häufigen Flatter-Binse auch viele blumige Arten wie Sumpf-Labkraut, Sumpf-Schafgarbe, Ufer-Wolfs-

Die schönsten Vorkommen der schmucken Weißen Seerose weist das Meerfelder Maar auf. Die Pflanze ist streng geschützt.

trapp oder Froschlöffel vorkommen. Mitunter findet sich hier auch der Ästige Igelkolben, dessen Fruchtstände zur Reifezeit stachelige Kugeln bilden. Viel zarter ist dagegen der Wassernabel, ein sehr kleines Pflänzchen mit kreisrunden, in der Mitte gestielten Blättern, das überraschenderweise zu den Doldenblütengewächsen gehört.

Eine sehr eigenartige Pflanze mancher Eifelgewässer ist der Fieber- oder Bitterklee aus der Verwandtschaft der Enziangewächse. Mit seinem kriechenden, stark verzweigten Wurzelstock schiebt er sich weit in das offene Wasser vor und bildet hier trügerische Schwingrasen. Besonders schöne Bestände dieser Pflanze findet man in der Umrandung des Kratersees Windsborn, den man im letzten Jahrhundert schon einmal abgetorft hatte und der sich jetzt wieder zu einem prächtigen Niedermoor entwickelt hat.

Vom Ufer aus nicht zu erreichen sind die Schwimmblattpflanzen, die sich mit ihren Wurzeln oder Wurzelstöcken im tiefen Schlamm verankern. Auffällige Arten dieser Pflanzengruppe sind vor allem die Weiße Seerose und der Wasser-Knöterich, dessen rosarote Blütenstände sich kerzengerade über die Wasseroberfläche erheben. Die schönsten Bestände der besonders geschützten Seerose findet man in mehreren Inseln am Meerfelder Maar. Auch im Laacher See kommen sie vor. Hier trifft man auch noch die Gelbe Teichrose an, die früher einmal die Dauner Maare schmückte. Das Schwimmende Laichkraut und weitere Arten dieser artenreichen Gattung leiten schließlich zu den eigentlichen Wasserpflanzen über, die ganz oder größtenteils untergetaucht leben wie Tannenwedel, Tausendblatt, Hornblatt, Wasserschraube oder Wasserpest.

Wo die Verlandung eines ursprünglich offenen Maarsees schon sehr weit fortgeschritten ist und das Maar den Charakter einer Feuchtwiese angenommen hat, ändert sich entsprechend auch die Artenausstattung. So gibt es beispielsweise im Gebiet der Mürmes die Rote Pestwurz, verschiedene Hahnenfuß-Arten, Sumpf-Vergißmeinnicht, Bach-Nelkenwurz, Kuckuckslichtnelke, Wiesen-Knöterich, Sumpf-Engelwurz, Wasserschierling und Gefleckten Schierling, dazu auch Mädesüß, Wasserdost und Wilden Baldrian – ein Artengefüge, das an blumiger Vielfalt wohl nichts zu wünschen übrig läßt.

Mit der Verlandung ist übrigens manchmal ein anderer und für das ökologische Schicksal eines Maarbeckens sehr bedeutsamer Vorgang gekoppelt. Nicht alle abgestorbenen Pflanzenteile, die am Ende der Wachstumssaison ins Wasser fallen, vergehen oder verwesen dort, weil Mikroorganismen sich über sie hermachen. Unter besonderen Umständen bleibt die Pflanzenmasse teilweise erhalten und verändert sich nur wenig. Aus dem abgestorbenen, unter Wasser angehäuften Pflanzenmaterial wird im Laufe von Jahrhunderten und Jahrtausenden Torf. Der lebende Pflanzengürtel, der laufend Nachschub für das Torflager unter seinen Füßen produziert, ist ein Moor. Solange die Pflanzendecke nur in Höhe des Wasserspiegels wächst, spricht man von einem Flach- oder Niedermoor. Einige der Feuchtmaare der Eifel mit besonders üppigem Pflanzenwachstum sind also tatsächlich Maarmoore – ein Wortspiel, das der bekannte Eifeler Pflanzenforscher Matthias Schwickerath immer besonders gerne verwendete.

Die natürliche Verlandungsentwicklung eines offenen Maargewässers hört jedoch nicht unbedingt mit dem Flach- oder Niedermoor-Stadium auf. Wenn genügend Regen fällt und sich Torfmoose ansiedeln, kann ein Niedermoor allmählich auch in ein Hochmoor übergehen: Die Oberfläche wölbt sich dann kuppelförmig über den ehemaligen Seegrund und wird von der Grundwasserversorgung zunehmend unabhängiger.

Regenversorgte Hochmoore sind in den Mittelgebirgen eine ausgesprochene und darum auch besonders schützenswerte Rarität, und nur in ganz wenigen Eifelmaaren wie beim Dürren Maar, dem kleinen Strohner Maarchen und Teilen der Mürmes ist die Moorentwicklung bis zum Hochmoorstadium vorangekommen.

Gerade weil diese Lebensräume so selten und vom Aussterben bedroht sind, sollte man sie übrigens auf keinen Fall betreten. Im Nu verwandelt man eine einzigartige und äußerst trittempfindliche Lebensgemeinschaft in eine häßliche, braune Pampe. Ein Fernglas leistet hier für das Botanisieren und den Artenschutz gute Dienste. Es rückt dem Blick beispielsweise die schmucken Fruchtstände des Schmalblättrigen und des Scheidigen Wollgrases näher, welche die Maarmoore im Frühsommer mit schneeweißen Tupfern überziehen. Zur Blütezeit (April) sind diese zu den Ried- oder Sauergräsern zählenden Pflanzen völlig unscheinbar. An wenigen Stellen wächst hier auch noch der Rundblättrige Sonnentau. Mit ihren zähklebrigen Drüsenhaaren auf ihren Blättern fängt sich diese kleine Pflanze Insekten oder Spinnen, um durch deren Verdauung die Nährstoffarmut ihres Standortes auszugleichen. Vielleicht kann man in alten Torfstichen oder Moortümpeln auch die hellgelben Blüten des Kleinen Wasserschlauches sehen, eine ebenfalls insektenverdauende Pflanze, die ihre Fallen aber immer unter Wasser aufstellt und damit nach dem Staubsaugerverfahren unvorsichtige kleine Wassertiere fängt.

Die Hochmoore der Eifel sind natürlich auch der Standorte von Zwergsträuchern, die man wegen ihrer geringen Wuchshöhe vielleicht gar nicht als solche erkennt. Auf den Torfmoosen siedelt beispielsweise die seltene Moosbeere neben der giftigen Rosmarinheide oder Torfgränke. In den nassen Randsümpfen kommt dagegen das Sumpfblutauge vor, das mit seinen dunkelpurpurnen Blüten diesem ohnehin etwas melancholischen Lebensraum vor allem im Hochsommer eine besondere Stimmung verleiht. Noch ein paar weitere, ausgesprochen seltene Pflanzenarten haben in diesen Maarhochmooren einen letzten gefährdeten Standort gefunden. Ihre nächsten Fundplätze liegen in den wenigen norddeutschen und in den noch recht ausgedehnten skandinavischen Mooren – großflächige Moore gehören weithin der Vergangenheit an. In den Maarmooren hat sich somit ein Vegetationsbild aus längst zurückliegender Zeit bewahrt – sie sind inselartige Vorposten der nordischen Tundra inmitten unserer intensiv genutzten Kulturlandschaft.

Die Maarseen sind die Heimat vieler Libellen. Auf einem ufernahen Zweig ruht sich das Weibchen der Blaugrünen Mosaikjungfer von einem seiner Jagdausflüge aus.

Im Naturschutzgebiet Mürmes fallen die kuppelförmigen Wohnbauten der eingewanderten Bisamratte auf. Diese besonders großen Nager finden hier ideale Lebensbedingungen.

Gefährdete Tiere

Die verlandeten und vermoorten Maare bedürfen nicht nur wegen ihrer besonderen Pflanzenwelt, sondern auch mit Rücksicht auf seltene und bedrohte Tierarten der besonderen Schonung – sie sind nämlich Rast- und Brutplatz einer artenreichen Vogelfauna. Zur Zugzeit fallen hier gerne Kraniche ein. Graureiher sind häufiger zu Gast, dazu neben den bekannten Stockenten die viel selteneren Krick- und Tafelenten. Als weitere Durchzügler verweilen hier Zwerg- und Gänsesäger, Bruchwasserläufer, Sichelstrandläufer oder Zwerg- und Haubentaucher. Bemerkenswerte Charaktervögel sind der Kiebitz, ferner die schwarz gefiederte Bläßralle und das Grünfüßige Teichhuhn. Die recht kleine Wasserralle ist nur für wenige Maare nachgewiesen. Sie führt ein so verstecktes und heimliches Leben im hohen Röhricht, daß man sie kaum je einmal zu Gesicht bekommt, sondern ihre Gegenwart allenfalls am typischen Ruf bemerkt.

Wo ein hoher Schilfbestand die Maarufer säumt oder sich ein nur wenige Quadratmeter großes, ungestörtes Schilfwäldchen ausbreitet, finden sich fast immer die unverkennbare Rohrammer (wegen ihrer sperlingsähnlichen Gefiederfärbung auch Rohrspatz genannt) und verschiedene Rohrsänger-Arten ein, von denen besonders der Sumpfrohrsänger außerordentlich stimmbegabt ist. Er kann nämlich die Rufe und Gesänge einer ganzen Reihe anderer Vogelarten nachahmen oder imitierte Strophen in seinen eigenen Gesang einbauen.

Braunkehlchen und Wiesenpieper bevorzugen die etwas offeneren Stellen der Maarmoore. Mit Baumfalke und Rohrweihe, Neuntöter und Raubwürger kommen im Bereich der Maare hin und wieder Brutvögel vor, die in Rheinland-Pfalz und den angrenzenden Bundesländern schon seit langem in der Roten Liste der gefährdeten oder vom Aussterben bedrohten Arten geführt werden.

Dem aufmerksamen Beobachter fallen in der Mürmes außerdem die hohen, aus allerhand Pflanzenmaterial aufgetürmten Burgen auf – es sind die Wohnbauten der Bisamratte, eines ursprünglich nur in Nordamerika beheimateten, jetzt aber auch in weiten Teilen Europas verbreiteten Nagetiers. An einem Maar lebt auch die sonst im Rheinland außerordentlich seltene Wasserspitzmaus. Schließlich kann man in den Trocken- und Feuchtmaaren auch eine heimische Schlange beobachten: Die Ringelnatter, die einzige häufigere Schlange des Maargebietes, bevorzugt nicht nur die warmen und sonnigen Hänge, sondern schwimmt auch ganz ausgezeichnet.

Schmetterlinge sind besonders liebenswerte Insekten.
Ein prächtig gezeichneter Perlmutterfalter hat sich zum Nektartanken auf dem Blütenkopf des seltenen Teufelsabbiß niedergelassen.

Nährstoff macht den Unterschied

Maare in der Seenkunde

Am 21. Juli 1984 wurde am Gasthof Michels in Schalkenmehren feierlich eine Bronzetafel enthüllt. Sie trägt neben einer Porträtdarstellung den folgenden Wortlaut: „Dem Erforscher und Retter der Eifelmaare, Prof. Dr. August Thienemann (1882–1960), dem Nestor der deutschen Limnologie, in Verehrung und Dankbarkeit der Eifelverein und die deutschen Limnologen. In diesem Hause stand sein Forschungslabor."

Der Thüringer August Thienemann arbeitete als Wissenschaftler an der Universität Münster und widmete sich insbesondere der Erforschung der stehenden Gewässer, von deren Ökologie und Biologie man in der Zeit vor dem Ersten Weltkrieg noch nicht viel wußte.

„Die Augen der Eifel", wie die Schriftstellerin Clara Viebig die wassergefüllten Maarbecken gerne nannte, zogen den jungen Thienemann besonders an, waren sie doch die einzigen natürlichen Mittelgebirgsgewässer in erreichbarer Nähe. So begann Thienemann seine Pionierarbeiten auf dem Gebiet der Seenkunde mit der Untersuchung des Ulmener Maares, nahm sich dann zum Vergleich die Urft-Talsperre vor, arbeitete eine Weile am Laacher See und widmete sich schließlich den Dauner Maaren. In den Jahren 1910 bis 1914 richteten die Maarforscher um Thienemann ihr Hauptquartier im Gasthof Michels in Schalkenmehren ein. Dann und wann, so erzählt man sich im Hause Michels, ließ sich Thienemann mit einem Ochsenwagen eigens ein Sofa an das Weinfelder Maar fahren, um gleich vor Ort sein Mittagsschläfchen zu halten. Ansonsten diente der Ochsenkarren jedoch zum Transport eines flachen Kahns von Maar zu Maar. Der Kahn war ein unverzichtbares Hilfsmittel, um an nahezu beliebiger Stelle eines Maargewässers Wasserproben zu entnehmen.

Eine ganze Reihe physikalischer, chemischer und biologischer Untersuchungen der Dauner und Gillenfelder Maare ergaben, daß man nicht nur tiefe Maarseen (z.B. Pulvermaar oder Weinfelder Maar) von flachen Maaren (beispielsweise Schalkenmehrener Maar und Holzmaar) trennen muß, sondern daß die wesentlichen Unterschiede im Nährstoffgehalt der jeweiligen Gewässer liegen. Thienemann entwickelte am Beispiel der Eifelmaare eine Seentypenlehre, die bis heute in der modernen Gewässerkunde weltweit Geltung hat. Danach unterteilt man in nährstoffarme (oligotrophe) und in nährstoffreiche (eutrophe) Stillgewässer.

Nährstoffarme Gewässer sind in der Natur- und Kulturlandschaft außerhalb der Hochgebirge extrem selten. Eines der wenigen Beispiele unter den Eifelmaaren ist das Totenmaar (Weinfelder Maar). Den geringen Nährstoffgehalt zeigt das kristallklare Wasser an. Außerdem gibt es in Ufernähe so gut wie überhaupt keine Wasserpflanzen.

Noch vor wenigen Jahren war das Totenmaar in seiner einzigartigen Wasserqualität hochgradig gefährdet. Angler hatten hier Fische eingesetzt und mit Unmengen von Abfällen gefüttert, so daß sich die Nährstoffsituation dramatisch veränderte. Ein aufwendiges Sanierungsverfahren hat die-

Forschungsgeschichtlich ist der Schalkenmehrener Maarsee besonders bedeutsam. Hier wurden wichtige Grundlagen der Limnologie entdeckt, die bis heute gültig sind.

ses Maargewässer buchstäblich in letzter Minute aus See-Not retten können.

Ein eutrophes (Maar-)Gewässer weist eine hohe Konzentration von Pflanzennährstoffen auf, die ganze Wolken mikroskopisch kleiner Algen wachsen lassen. Wo es Phytoplankton gibt, finden sich auch große Mengen davon abhängiger tierischer Wasserbewohner wie Ruderfußkrebse, Muschelkrebse, Wasserflöhe oder Rädertiere, die ihrerseits wiederum wichtige Fischnährtiere sind. Das eutrophe Gewässer ist weniger durchsichtig als das nährstoffarme und oft grünlich bis bräunlich verfärbt. Wo die Uferpartien sehr flach sind, wird man reich gegliederte Pflanzengürtel mit Seerosen, Teichbinsen, Rohrkolben und vielen anderen Arten finden.

Der Wasserkörper eines Maarsees empfängt im Laufe eines Jahres unterschiedliche Mengen Sonnenenergie. Im Sommer schwimmt eine wärmere Deckschicht (Epilimnion) auf einer verhältnismäßig kühlen Tiefenschicht (Hypolimnion), weil wärmeres Wasser spezifisch leichter ist als kälteres und daher Auftrieb erhält. Während der wärmeren Jahreszeiten kann kein Wärmeaustausch zwischen der Deckschicht und der Tiefenschicht stattfinden, denn beide Wasserkörper trennt eine

Der Wasserspiegel des Meerfelder Maares wurde Ende des vorigen Jahrhunderts zur Landgewinnung abgesenkt.
Der Maarkessel ist in seiner Form sehr gut zu erkennen.

sogenannte Sprungschicht mit raschem Temperaturabfall. Für den Stoffkreislauf im Maarsee ist die Schichtung in unterschiedliche Temperaturzonen von größter Bedeutung. Weil sich die Deckschicht während der Sommermonate stark erwärmt, ist sie gleichzeitig die am stärksten belebte und produktivste Zone. Sie heißt darum auch Nährschicht. Die hier gebildete (überschüssige) Biomasse stirbt im Laufe der Zeit ab, sinkt in die Tiefenschicht und wird hier von den Zersetzern (hauptsächlich Bakterien und Pilze) wieder in ihre anorganischen Bestandteile zerlegt. Die Tiefenschicht nennt man daher auch die Zehrschicht. Die Zerlegung der organischen Abfallstoffe ist nur dann möglich, wenn der in der Tiefenschicht vorhandene Sauerstoff für die Abbauvorgänge ausreicht. Das Mengenverhältnis von Nährschicht und Zehrschicht spielt dabei eine große Rolle. In tiefen Maaren ist der Anteil der zehrenden Tiefenschicht am Gesamtwasserkörper sehr groß. Daher können solche Gewässer verhältnismäßig viel tote Biomasse mineralisieren, ohne daß es in der Tiefe zu einem völligen Sauerstoffschwund kommt. Flache Maarseen haben dagegen nur eine geringe Zehrschicht, die häufig den großen Bedarf an Sauerstoff für den Stoffabbau nicht decken kann. In solchen Fällen treten vermehrt Bakterien in Aktion, die keinen Sauerstoff benötigen. Ihre Endprodukte sind jedoch stark giftige Faulgase wie Methan, Schwefelwasserstoff oder Ammoniak. Wenn sie sich in großer Menge entwickeln, ist die biologische Selbstreinigung des Gewässers am Ende – der See „kippt um".

Diese Situation war vor wenigen Jahren am Meerfelder Maar eingetreten. Mit nur 17 m Wassertiefe ist dieses Maar unverhältnismäßig flach. Schon von weitem fiel im Sommer seine trüb gelbbraune Färbung auf, weil sich die Planktonalgen im Epilimnion massenhaft vermehrten; durch fortgesetzten Stoffeintrag aus den Haushalten von Meerfeld und aus der Landwirtschaft standen ihnen überreichliche Nährstoffmengen zur Verfügung. Die Faulgasbildung war bereits so weit fortgeschritten, daß der Fischbestand ernsthaft gefährdet war.

Mit beträchtlichem Aufwand führt man hier eine Gewässersanierung durch. Durch ein 600 m langes Rohr wird das Tiefenwasser abgeleitet und dem Meerbach zugeführt. Auf diese Weise sollen die Nährstoffvorräte im Wasser allmählich ausgemagert werden. Auf der anderen Seite mußte der Nährstoffeintrag in das Maargewässer aufhören. Eine verbesserte Abwasserentsorgung der Maargemeinde Meerfeld und eine spürbare Einschränkung der Landwirtschaft auf den Grundstücken im unmittelbaren Maarvorfeld sind die wichtigsten Konsequenzen. Der Zustand des Patienten Meerfelder Maar hat sich erwartungsgemäß von Jahr zu Jahr verbessert. Dies zeigen die Meßreihen, die Arbeitsgruppen auf den Spuren August Thienemanns in der 1986 neu gegründeten Biologisch-ökologischen Station Bettenfeld (rund 3 km oberhalb des Meerfelder Maares) anlegten. Neueste Untersuchungen zeigen, daß so mancher Stoffeintrag in die Maare durch Sofortmaßnahmen an Ort und Stelle gar nicht zu beheben ist. Kilogrammweise kommen die fatalen Nährstoffschübe, die das Algenwachstum in den Maarseen ankurbeln, auch mit den Niederschlägen aus der Luft.

Der Mensch versetzt Berge

Wunden der Landschaft zum Wohl der Natur?

Im Vergleich zu den übrigen Teillandschaften des Rheinischen Schiefergebirges zeichnet sich die Geologie der Eifel durch eine beachtliche Vielfalt an nutzbaren Gesteinen aus. Die meisten davon sind wegen ihrer besonderen Lagerungsverhältnisse nur dadurch zu gewinnen, daß man der Erde gleichsam unter die Haut fährt und Tagebaue, Schachtanlagen oder Gruben anlegt. Seit etlichen Jahrhunderten löchert der Bergbau in der Eifel die Erde, durchteuft wertvolle Lagerstätten und schließt spezielle Gesteinsvorkommen auf. Aus allen Epochen der Erdgeschichte, die den Naturraum der Eifel mitgestaltet haben, sind Fest- oder Lockergesteine im Abbau – von den unterdevonischen Dachschiefern im Raum Mayen über die mitteldevonischen Korallenriffe der berühmten Kalkmulden, die tertiären und quartären Eruptivgesteine der Eifeler Vulkanfelder und Tonvorkommen in der Rheineifel bis hin zu den geologisch jüngsten Sand- und Kiesaufschüttungen der grösseren Fließgewässer.

So wichtig der Abbau nutzbarer Gesteine einerseits für die Wirtschaft der Region ist, so sehr verbraucht er auf der anderen Seite die Landschaft. Während der laufenden Abtragungen von verschiedenen Bodenschätzen sehen Steinbrüche oder Grubenanlagen unschön aus, weil sie mit ihren großflächigen Tagebauanlagen doch recht häßliche Löcher in die Erde reißen. Gerade der obertägige Abbau von Bodenschätzen gilt nach den Naturschutzgesetzen als erheblicher Eingriff in die Landschaft, weil die Schürfungen die natürlich gewachsenen Bodenprofile zerstören, das komplexe Gefüge der einzelnen Grundwasserstockwerke verändern und meist auch die charakteristischen Reliefformen einer Landschaft verschwinden lassen. Wo Bagger und Bulldozer ganze Aschenberge abtragen, weil die vulkanischen Lokkergesteine als Baumaterial oder industrieller Rohstoff benötigt werden, wird die Landschaft zusehends ärmer an Oberflächenformen und Blickpunkten, an denen sich das Auge erfreuen könnte. Zudem büßt sie durch den Abbau fast immer einzigartige Zeugnisse ihrer bewegten Erdgeschichte ein, denn jeder Eifeler Vulkanberg ist ein geologisches

Jahrelang haben hier Menschen ihre Arbeit gefunden. Jetzt ist der Steinbruch verlassen, und die Natur kehrt zurück – eine einzigartige Chance für den Naturschutz inmitten der Kulturlandschaft.

Aschenaufschluß bei Dohm-Lammersdorf. Die prächtigen Farben des vulkanischen Lockergesteins gehen meist auf Eisenverbindungen zurück. Viele Eifeler Aufschlüsse sind Fundstätten interessanter Mineralien.

bzw. landschaftstypisches Unikat und als solches nicht zu ersetzen. Zu bedenken ist jedoch wiederum auch, daß gerade die bergbaulichen Aufschlüsse recht tiefgründige Einblicke in Lagerungsverhältnisse oder Gebirgsbau erlauben, die sonst nicht leicht zu gewinnen wären.

Von der Eigenart der Eifeler Vulkane hätten wir sicher sehr viel unvollständigere Vorstellungen, wenn nicht der Bergbau die Flanken des einen oder anderen Berges geöffnet oder großartige Profile durch ganze Schichtenfolgen freigelegt hätte. Gewöhnlich bleibt die Frage, was nach dem Auslaufen der Abbauvorhaben geschieht und wie die Folgenutzung von Tagebaurestlöchern aussehen kann. Vielfach wird erwartet, daß man bergbauliche Verbrauchsflächen nach der Ausbeutung der gesuchten Bodenschätze unmittelbar rekultiviert. Je nach Abmessung und Geologie des Untergrunds werden die verbliebenen Abbaulöcher manchmal als Mülldeponien zwischengenutzt, bevor die endgültige Verfüllung mit weiterem Abraum und die forstliche oder landwirtschaftliche Rekultivierung erfolgen kann.

Der Landschaftsästhetik ist in solchen Fällen vielleicht gedient, wenngleich mit der Abfalldeponierung als Zwischenlösung so

Aufgelassene Steinbrüche und andere Schürfstellen entwickeln sich innerhalb weniger Jahre zu überaus interessanten Lebensstätten. Die verschiedenen Grubenbereiche zeichnen sich durch eine erstaunliche Vielfalt an Lebensbedingungen von extrem trocken-warm bis schattig-feucht und kühl aus. Entsprechend groß ist der Artenreichtum, der sich den neu gewonnenen Lebensraum teilt.

manches unbewältigte Umweltproblem allzu einfach unter der Oberfläche verschwindet. Es gibt jedoch mehrere Gründe dafür, die vom Bergbau in der Landschaft der Vulkaneifel eröffneten oder hinterlassenen Löcher nicht einfach mit Abfall, Abraum oder sonstigem Füllgut zu verschließen. So stehen im künstlichen Aufschluß eines Steinbruchs oftmals für die Erdgeschichte der betreffenden Region besonders wichtige Gesteinshorizonte oder überraschend ergiebige Fossillagerstätten an, die eventuell als geowissenschaftliches Dokument zu sichern wären. Soweit sich bedeutende Aufschlüsse im Festgestein befinden, fällt ihnen als Forschungs- und Demonstrationsobjekt zweifellos eine bedeutende Rolle zu. Die jüngst im Umkreis mehrerer Eifelorte eingerichteten geologischen Lehrpfade (Blankenheim, Nettersheim, Hillesheim u.a.) beziehen bergbaulich geschaffene Aufschlüsse mit bemerkenswerten Schichtgliedern ausdrücklich ein.

Vor allem aber spricht folgendes gegen Auffüllung und Rekultivierung: Aufgelassene Steinbrüche, Kies- und Tongruben entwickeln sich nach der Stillegung in verhältnismäßig kurzer Zeit zu überaus bemerkenswerten Lebensräumen aus zweiter Hand. Oft kommt diese Entwicklung, zumal bei kleineren Anlagen, schon während des laufenden Abbaus in Gang. Was landläufig vielleicht als ungepflegte, verwilderte Abbaugrube Ärgernis erregt, kann ein äußerst wertvoller Ersatzlebensraum für eine beachtliche Artenfülle werden, nicht zuletzt sogar für zahlreiche Pflanzen und Tiere von der Roten Liste der gefährdeten oder vom Aussterben bedrohten Arten. Auffällig ist nämlich die große standörtliche Vielfalt solcher Abbaugelände, die Lebensraumtypen anbietet, wie sie in der übrigen Zivilisationslandschaft selten oder überhaupt nicht mehr vorhanden sind. Das Beispiel Lavasandgrube kann diese Verhältnisse besonders verdeutlichen und zugleich zeigen, daß eine landschaftsästhetisch zunächst vielleicht noch unbefriedigende Lösung unter ökologischen Gesichtspunkten ausgesprochen hochwertig sein kann: Beim maschinellen Abbau der Lockermaterialien entstehen fast immer magere, nährstoffarme Standorte, die angesichts des sonst so gewaltigen Nährstoffeintrags in der Landschaft Seltenheitswert besitzen. Offene Gruben weisen daneben ein gewöhnlich sehr weitflächiges Mosaik weiterer, gänzlich verschiedenartiger Kleinlebensräume auf: Neben kurzlebigen oder dauerhaften Gewässern finden sich immer auch trockene bis wechselfeuchte Rohbodenstandorte. Nach neueren Kartierungsergebnissen sind die Gewässer von Abbaugruben vielfach unersetzliche Laichplätze einheimischer Amphibien, darunter der Gelbbauchunke oder der Kreuz-, Wechsel- und Geburtshelferkröte. Etliche der noch bekannten Laubfroschvorkommen der Eifel befinden sich im Bereich aufgelassener Abgrabungsstellen.

Auch die Pflanzenwelt spiegelt die beachtliche Biotopvielfalt wider. Ihrem Kleinklima nach sind die Gruben fast immer Wärmeinseln. Entsprechend setzt sich ihre Vegetation aus besonders wärmeliebenden Pflanzenarten zusammen. Auf den humusfreien Stellen treten die Artengefüge der Magerrasen auf, die nach einiger Zeit in Trockenheiden übergehen. Die etwas nährstoffreicheren Stellen besiedeln dagegen in erster Linie die Kennarten von Ruderal- und Schlagfluren, häufig durchsetzt mit den Pflanzen der frischen Wiesen und Weiden. Alle diese sehr buntblumigen Pflanzengruppen sind natürlich eine wichtige Voraussetzung für den Bestand ungemein artenreicher Kleintiervorkommen, speziell der Insekten.

Dem Strukturreichtum einer aufgelassenen Sand- oder Kiesgrube steht der verlassene Steinbruch kaum nach. Während die Sohlenbereiche eines Steinbruchs durchaus den Lebensraumgegebenheiten einer Kiesgrube gleichen und einen ähnlichen Wechsel von Kleingewässern, Feucht- und Trockenböden aufweisen können, betonen andere Teilbereiche eher die Anklänge an Felspartien der Naturlandschaft. Je nach Gesteinstyp, Exposition, Neigungswinkel, Gesamthöhe und Feinrelief sind zahlreiche Kleinlebensräume mit jeweils stärker abweichendem Mikroklima vorhanden. Hinzu kommt die auffallende räumliche Untergliederung der verbliebenen Abbauwände in eine Vielzahl von Nischen, Simsen, Bändern, Fugen, Galerien und Vor-

Das Schmalblättrige Weidenröschen ist fast immer als eine der ersten Blütenpflanzen zur Stelle, wenn es um die Besiedlung frisch geschütteter Rohböden oder von Schlagfluren geht. Die dichten Bestände blühen im Hochsommer.

sprüngen. Am Wandfuß stauen sich mitunter Schuttfächer von fein zermahlenem Gestein über lockeres Geröll bis hin zu gröberem Blockwerk auf – auch dies ein nicht zu unterschätzendes Element der Vielfalt auf kleinem, überschaubaren Raum. Folglich fällt auch der Artenreichtum weitaus größer aus, als man gewöhnlich vermutet: Die Steinbruchflora der Eifel umfaßt durchweg 150 bis 200 verschiedene Pflanzenarten, darunter mehrere Arten mit nur ganz wenigen Vorkommen.

Vergleichbar reichhaltig sind hier auch die Arteninventare der Tiere. Zwei bis drei Dutzend Brutvogelarten, darunter so bedrohte Felsbrüter wie der Wanderfalke oder der Uhu, kommen zusammen. In einigen Steinbrüchen fand man über 300 Schmetterlings- und fast 400 Käferarten. Ein ökologischer Sonderfall sind schließlich Steinbrüche mit größeren Halbhöhlen oder tiefer in den Berg reichenden Stollen – sie sind nämlich Überwinterungsquartiere für viele Insektenarten und vor allem für fast alle heimischen Fledermausarten.

Da sich die Abgrabungsstellen und Steinbrüche spätestens nach der Stillegung rasch zu sehr komplexen Lebensstätten entwickeln und durchweg eine unbedingt schützenswerte Flora und Fauna aufweisen, ist zu überlegen, ob anstelle der üblichen Zwischennutzung mit anschließender Rekultivierung nicht die Renaturierung anzusteuern wäre. Wo die Natur von selbst so arten- und individuenreich Einzug hält und überraschend umfangreiche Artengefüge etabliert, muß nicht eine vergleichsweise langweilige Flächeneinbindung in die ohnehin schon weitgehend monotone Zivilisationslandschaft erfolgen. Mit der Entwicklung der dringend erforderlichen Ersatz- und Rückzugslebensräume ließe sich der Natur ausgesprochen wirksam auf die Sprünge helfen.

Das Vulkanfeld der Westeifel

Braun: der unterdevonische Sockel (Siegen- und Unterems-Gesteine), grau: Oberems-Gesteine in der Umrandung der Kalkmulden, blau: Mittel- und oberdevonische Gesteine in den Kalkmulden, rotorange: Buntsandstein, schwarze Punkte: tertiärzeitliche Basaltvulkane, rot: tertiärzeitliche Trachyt-, Andesit und Phonolith-Vulkane, grün: quartärzeitliche Basaltkegel und Lavaströme.

1 Dehner
2 Schönfelder Maar
3 Steffelner Maar
4 Aueler Maar
5 Duppacher Weiher,
6 Duppacher Maar
7 Rother Maar
8 Lierwiese-Maar
9 Walsdorfer Maar
10 Dreiser Weiher
11 Brücker Maar
12 Booser Doppelmaar
13 Mosbrucher Maar
14 Ulmener Maar mit Ulmener Weiher (Jungferweiher)
15 Maar von Hinterweiler
16 Gerolsteiner Maar
17 Geeser Maar
18 Hengstweiler-Maar
19 Steinborner Maar
20 Oberstadtfelder Maar
21 Gemündener Maar
22 Weinfelder Maar (Totenmaar)
23 Schalkenmehrener Doppelmaar
24 Mürmes
25 Ellscheider Maar
26 Maar von Oberwinkel
27 Pulvermaar
28 Immerather Risch
29 Immerather Maar
30 Trautzberger Maar
31 Sprinker Maar
32 Wollmerather Maar
33 Hardt-Maar
34 Kennfuser Maar
35 Holzmaar
36 Dürres Maar (Torfmaar)
37 Hitsche
38 Eckfelder Maar
39 Meerfelder Maar
40 Eigelbach-Maar

Landschaft erwandern und erleben

Für Wanderungen zu den Eifelmaaren sind amtliche Topographische Karten 1:50 000 (Ausgabe mit Wanderwegen = TK 50 W) besonders zu empfehlen. Der Nordteil des Westeifeler Vulkanfeldes bis zur Linie Ulmener Maar – Hengstweiher-Maar liegt auf Blatt L 5706 Adenau, der Südteil mit der berühmten Dauner und Gillenfelder Maargruppe auf Blatt L 5906 Daun. Abgesehen von den im Kapitel „Die Augen der Eifel" empfohlenen Wanderungen wäre auf folgenden geologischen Lehrpfad hinzuweisen:

Hillesheimer Geopfad

Das Gemeindegebiet von Hillesheim liegt über unterdevonischem Schiefer, mitteldevonischem Riffkalk, Buntsandstein, Muschelkalk, Tertiär- und Quartärvulkanen – ein erdgeschichtlicher Flickenteppich, wie er bunter gar nicht sein könnte.

Seit kurzem erschließt ein Geopfad mit 125 km Wanderwegen und 30 interessanten Anlaufpunkten aus 395 Millionen Jahren Erdgeschichte diese Vielfalt des Untergrundes. Er beginnt bei einer Höhle im Buntsandstein und führt über eisenzeitliche Erzschürfstellen, Aschenaufschlüsse, Kalksteinbrüche, Vulkankuppen und Mineralquellen bis hin zu Trockenmaaren.

Die genaue Wege- und Objektbeschreibung enthält ein kleines Begleitbuch zum Geopfad; es ist ebenso wie eine Wegekarte im Maßstab 1:25 000 bei der Gemeindeverwaltung, Rathaus, 5533 Hillesheim/Vulkaneifel (0 65 93 – 8 01 16) erhältlich.

Tips für Regentage

Eifeler Landschaftsmuseum

Das Eifeler Landschaftsmuseum in Mayen, Genovevaburg (Tel. 02651/88262), zeigt außer Ausstellungsstücken zum bäuerlichen Handwerk und anderen Themen der Kulturgeschichte auch interessante Sammlungen zur Geologie der Eifel und zur regionalen Steinindustrie. Geöffnet Di – Sa 9 – 12/14 – 17 Uhr, So Mai – Sept 11 – 17 Uhr, Okt – Apr 10 – 12 Uhr.

Deutsches Vulkanmuseum

Seit kurzem gibt es das Deutsche Vulkanmuseum in Mendig, Brauerstraße 10. Der Ausstellungsbereich ist noch im Aufbau, aber schon jetzt kann man im Museum eine einzigartige Sammlung vulkanischer Gesteine und Mineralien aus der gesamten Vulkaneifel bewundern. Für Besuchergruppen besteht die Möglichkeit, einen stillgelegten Stollen zu besichtigen, in dem untertägig ein Basaltlavastrom abgebaut wurde. Besuch und Führung nach telefonischer Vereinbarung (0 26 52 – 34 82/36 54).

Museum für Archäologie des Eiszeitalters

Der Abbau vulkanischer Locker- und Festgesteine ermöglichte unerwartete Einblicke und Erkenntnisse zur Archäologie der Jäger- und Sammlerkulturen im Umkreis des Mittelrheingebietes. Spektakuläre Fundstücke aus rund einer Million Jahre Vor- und Frühgeschichte zeigt das Museum in Schloß Monrepos in Neuwied (die Zufahrt ist gut ausgeschildert, Tel. 0 26 31 / 7 20 43). Geöffnet Di – So Apr – Okt 9 – 16 Uhr, Mi, Sa, So Nov – März 10 – 17 Uhr.

Literaturhinweise

BÜCHEL, G., KRAWCZYK, E.: Zur Genese der Dauner Maare im Vulkanfeld der Westeifel. Mainzer geowiss. Mitt. 15, 219–238 (1986).

FRECHEN, J.: Siebengebirge am Rhein, Laacher Vulkangebiet, Maargebiet der Westeifel. Sammlung geol. Führer 56, Stuttgart 1976.

HAAREN, C. VON: Eifelmaare. Landschaftsökologisch-historische Betrachtung und Naturschutzplanung. Pollichia-Buch 13, Bad Dürkheim 1988.

HAARMANN, K., PRETSCHER, P.: Naturschutzgebiete in den Regierungsbezirken Koblenz und Trier sowie im Saarland. Rheinische Landschaften 20, Neuss 1981.

HALBFASS, W.: Die noch mit Wasser gefüllten Maare der Eifel. Verh. naturhist. Ver. Rheinld. Westf. 53, 310–355 (1896).

HANLE, A. (HRSG.): Eifel. Meyers Naturführer, Mannheim 1990.

HENTSCHEL, G.: Die Mineralien der Eifelvulkane. München 1983.

HOPMANN, M., FRECHEN, J., KNETSCH, G.: Die vulkanische Eifel. 3. Aufl., Bonn 1967.

IRION, G., NEGENDANK, J.: Das Meerfelder Maar. Cour. Forsch.-Inst. Senckenberg 65, 1–101 (1984).

KERSBERG, H.: Die Prümer Kalkmulde (Eifel) und ihre Randgebiete. Schriftenreihe Landesst. Naturschutz u. Landschaftspflg. NW 4, 1–240 (1968).

KREMER, B.P., CASPERS, N.: Die Maare der westlichen Vulkaneifel. Rheinische Landschaften 5, 4. Aufl., Neuss 1986.

KREMER, B.P., MEYER, W.: Das Vulkangebiet der Hocheifel. Rheinische Landschaften 29, Neuss 1986.

LÄNDERARBEITSGEMEINSCHAFT WASSER (HRSG.): Seen in der Bundesrepublik Deutschland. München 1985.

LUTZ, H.: Fossilfundstätte Eckfeld. Mainz 1991.

LORENZ, V., BÜCHEL, G.: Zur Vulkanologie der Maare und Schlackenkegel der Westeifel. Mitt. Pollichia 68, 29–100 (1980).

MERTES, H.: Aufbau und Genese des Westeifeler Vulkanfeldes. Bochumer geol. u. geotechn. Arb. 9, 1-415 (1983).

MEYER, W.: Geologischer Wanderführer Eifel. Stuttgart 1983.

MEYER, W.: Geologie der Eifel. 2. Aufl., Stuttgart 1989.

MEYER, W.: Das Vulkangebiet des Laacher Sees. Rheinische Landschaften 9, 5. Aufl., Neuss 1992.

MEYER, W.: Zur Entstehung der Maare in der Eifel. Z. dtsch. geol. Ges. 136, 141–155 (1985).

MEYER, W., STETS, J.: Die Manderscheider Vulkangruppe (Westeifel) in Beziehung zu den Strukturen des Sockels. Z. dtsch. geol. Ges. 130, 273–288 (1979).

NEGENDANK, J.F.W., BRAUER, A., ZOLITSCHKA, B.: Die Eifelmaare als erdgeschichtliche Fallen und Quellen zur Rekonstruktion des Paläoenvironments. Mainzer geowiss. Mitt. 19, 235–262 (1990).

NEGENDANK, J.F.W.: Pleistozäne und holozäne Maarsedimente der Eifel. Z. dtsch. geol. Ges. 140, 13–24 (1989).

NEGENDANK, J.: Trier und Umgebung. Samml. Geol. Führer 60, Berlin / Stuttgart 1974.

NOLL, H.: Maare und maarähnliche Explosionskrater in Island. Ein Vergleich mit dem Maar-Vulkanismus der Eifel. Sonderveröff. Geol. Inst. Univ. Köln 11, 1–117 (1967).

SCHARF, B.W., BJÖRK, S. (HRSG.): Limnology of Eifelmaar lakes. Ergebnisse der Limnologie Bd. 38, Stuttgart 1992.

SCHWICKERATH, M.: Die Pflanzengesellschaften der Maare und Maarmoore. Wiss.Veröff. Geobot.Inst. TH Aachen 2, Aachen 1963.

STEININGER, J.: Geognostische Beschreibung der Eifel. Trier 1853.

STRAKA, H.: Die spätquartäre Vegetationsgeschichte der Vulkaneifel. Pollenanalytische Untersuchungen an vermoorten Maaren. Beitr. Landespfl. Rheinland-Pfalz, Beih. 3, 1–163 (1975).

Register

Bildnachweis
Fotos © Gabriele und Bernd Steinicke außer S. 44 Bruno P. Kremer, S. 52 und 53 Landessammlung für Naturkunde Rheinland-Pfalz, Naturhistorisches Museum Stadt Mainz.
Karten: S. 4 Ausschnitt aus der Karte „Rheinland-Pfalz – Karte der Gemeindegrenzen 1:200 000", vervielfältigt mit Genehmigung des Landesvermessungsamtes Rheinland-Pfalz, Kontrollnummer 427/92, S. 11 und S. 92 Wilhelm Meyer.

Die Deutsche Bibliothek – Cip-Einheitsaufnahme

Eifelmaare: Streifzüge durch eine faszinierende Landschaft / hrsg. von Bruno P. Kremer und Bernd Steinicke. Mit Beiträgen von Bruno P. Kremer ...
– Köln: Wienand 1993
ISBN 3-87909-304-0
NE: Kremer, Bruno P. [Hrsg.]

Gestaltung: Sarge/Steinicke
Umschlagentwurf: Jürgen Kryszons
Redaktion: Susanne Oevermann
Gesamtherstellung: Druck- & Verlagshaus Wienand, Köln
ISBN: 3-87909-304-0